5	シリーズ マーケティング・エンジニアリング
	朝野熙彦・小川孔輔・木島正明・守口 剛……[監修]

ブランド評価手法
マーケティング視点によるアプローチ

守口　剛・佐藤栄作 [編著]

佐藤忠彦・里村卓也
鶴見裕之・樋口知之 [著]

朝倉書店

はじめに

　1980年代後半からブランド・エクイティに関する議論が活発化し，特にAakerの *Managing Brand Equity*（1991）が刊行されて以降，実務界と学術界の双方において，企業が有する重要な資産としてブランドを捉え，それを適切に管理することの重要性が広く認識されてきた．

　このような状況の中で，ブランド戦略やブランド管理に焦点を当てた書籍が数多く出版されてきた．また，財務視点によるブランド価値評価に関する書籍も，近年数多く刊行され，ブランド資産価値の算出方法について，その考え方と具体的な手法が整理されている．

　その一方で，マーケティング視点からのブランド評価の手法やモデルを整理した書籍はほとんど存在しない．もちろん，消費者の購買データや調査データを利用したブランド評価手法やモデルについては，数多くの学術論文が存在する．また，上記のAakerの文献をはじめ，ブランド・エクイティやブランド管理について体系的な議論が行われている書籍では，いくつかの章を設けてマーケティング視点によるブランド評価について解説を行っている．しかし，これらの解説は，既存の調査システムや調査方法に主たる焦点を当てており，ブランド評価のための分析手法や数理モデルに関する説明は限定的である．

　上記のような現状を鑑み，本書ではマーケティング視点によるブランド評価に焦点を当て，消費者調査データや購買履歴データを元にした評価手法について，次のような構成で整理を行う．第1章では，ブランド評価に関する基本的な理解を促進するため，評価方法を分類し，それぞれの特徴を簡単に説明する．第2章と第3章では，ブランド評価手法に関する既存研究の整理を行う．まず第2章では購買履歴データを用いた手法を概観し，第3章では調査データを利用した手法をまとめている．

　第4章では，WTP（willingness to pay）を用いたブランド価値評価に焦点を当てる．WTPは消費者がその製品に対していくらまでなら支払ってもよいと考えているかを示す金額を意味している．第4章では，WTPを用いてブランドの価格

プレミアム（製品価格のうちブランドがもたらすプレミアム部分）を測定する方法について解説している．第5章では，コンジョイント分析を用いた評価方法について論じる．コンジョイント分析は，複数製品の選好順位などのデータから，個々の製品属性の評価を分解的に算出する手法であり，ブランドに対する評価を製品属性とは独立に算出することができる．

第6章から第8章では，消費者の購買履歴データを用いた数理モデルによるブランド評価手法について解説する．第6章では，購買履歴データを用いた一般的な評価手法について解説した上で，市場浸透率と購買頻度を用いた評価方法などについて考察している．さらに，第7章では潜在クラスモデル，第8章ではベイズモデルの枠組みを利用し，消費者間の異質性を考慮しながらブランド評価を行うためのモデルについて解説している．

以上のように，本書では，類書ではあまり扱われてこなかったマーケティング視点によるブランド評価に焦点を当て，基本的な考え方と既存研究を整理した上で，調査データと購買履歴データを利用した分析手法と数理モデルについて解説している．ブランド管理に携わっている実務家，ブランド評価に関心のある研究者，さらに，ブランドとデータ解析の双方を勉強している商学・経営学系と理工系の学生・院生の方々に関心を持っていただけるような内容となったのではないかと考えている．

最後に，当初予定よりも大幅に遅れてしまった原稿執筆を辛抱強く見守るとともに励ましていただいた朝倉書店編集部の方々に心より御礼を申し上げる．

2014年10月

守口　剛

目　次

1. ブランド評価に関する基本的理解 ……………………（守口　剛）… 1
   1.1 はじめに ………………………………………………………… 1
   1.2 ブランド評価のアプローチ方法 ……………………………… 4
   1.3 ブランド評価の対象 …………………………………………… 5
   1.4 ブランド評価の分類とそれぞれの特徴 ……………………… 7
   1.5 消費者知識をベースとしたブランド評価の手法 …………… 9
   1.6 マーケティング視点での成果によるブランド評価 ………… 13

2. 購買データを利用したブランド評価 …………………（佐藤栄作）… 15
   2.1 はじめに ………………………………………………………… 15
   2.2 購買データを用いたさまざまなブランド評価の手法 ……… 16
   2.3 個別ブランドの評価 …………………………………………… 17
      2.3.1 集計データを用いたブランド評価 ……………………… 17
      2.3.2 非集計データを用いたブランド評価 …………………… 22
   2.4 ブランド間の競争市場構造の把握 …………………………… 26
      2.4.1 集計データを用いた競争市場構造の把握 ……………… 27
      2.4.2 非集計データを用いた競争市場構造の把握 …………… 29
   2.5 まとめ …………………………………………………………… 30

3. 調査データを利用したブランド評価 …………………（佐藤栄作）… 33
   3.1 はじめに ………………………………………………………… 33
   3.2 調査データを用いたさまざまなブランド評価の手法 ……… 33
   3.3 ブランド力の総合的な評価 …………………………………… 35
   3.4 ブランド・エクイティの源泉などの評価 …………………… 38
      3.4.1 ブランド選択確率の推定 ………………………………… 39
      3.4.2 事前分析 …………………………………………………… 40

  3.4.3　ブランド・エクイティ評価 …………………………… 42
  3.4.4　ブランド・エクイティの源泉評価 …………………… 45
  3.4.5　Srinivasan *et al.*（2005）の手法についての小括 …… 47
 3.5　ブランド間の競争状況の評価 ……………………………… 47
  3.5.1　データの収集（部分世帯と選好構造の特定）………… 48
  3.5.2　選好構造の定式化と選択確率の計算 ………………… 50
  3.5.3　交差価格弾力性の推定 ………………………………… 51
 3.6　ま と め ……………………………………………………… 51

4.　WTPを用いたブランド価値評価 ……………………………（守口　剛）… 54
 4.1　は じ め に …………………………………………………… 54
 4.2　ブランドによる価値の上乗せ効果と評価の押し上げ効果 ……… 55
 4.3　実 証 分 析 …………………………………………………… 59
  4.3.1　実験の概要 ……………………………………………… 59
  4.3.2　分 析 結 果 ……………………………………………… 61
  4.3.3　モデルによる検討 ……………………………………… 64
 4.4　ま と め ……………………………………………………… 67

5.　コンジョイント分析を利用したブランド評価 ……………（鶴見裕之）… 69
 5.1　は じ め に …………………………………………………… 69
  5.1.1　マーケティングにおけるコンジョイント分析の重要性 ………… 69
  5.1.2　ブランド評価への活用 ………………………………… 70
 5.2　コンジョイント分析 ………………………………………… 71
  5.2.1　多属性態度モデルとコンジョイント分析 …………… 71
  5.2.2　コンジョイント分析の考え方 ………………………… 73
  5.2.3　調 査 方 法 ……………………………………………… 75
  5.2.4　推 定 方 法 ……………………………………………… 76
 5.3　ブランド評価の概要 ………………………………………… 78
  5.3.1　評価指標の重要性 ……………………………………… 78
  5.3.2　財務的な視点による評価 ……………………………… 78
  5.3.3　顧客視点による評価 …………………………………… 79
 5.4　コンジョイント分析を用いたブランド評価 ……………… 80
  5.4.1　価格プレミアムによるブランド評価 ………………… 80

5.4.2　分析事例 …………………………………………… 81
　　5.4.3　分析結果 …………………………………………… 83
　5.5　まとめ ……………………………………………………… 87

6. パネル・データを利用したブランド力の評価 ……………（里村卓也）… 90
　6.1　はじめに ……………………………………………………… 90
　6.2　ブランド売上の要因分解によるブランド力の評価 ………… 92
　　6.2.1　ブランド売上の要因分解 ……………………………… 92
　　6.2.2　ニッチ・ブランドと気分転換ブランド ……………… 93
　　6.2.3　ブランド売上への影響の比較方法 …………………… 93
　6.3　「ブランド購買の二重苦」とブランド購買モデル ………… 94
　　6.3.1　ブランド購買の二重苦 ………………………………… 94
　　6.3.2　ブランド購買モデルの活用 …………………………… 96
　6.4　カテゴリー内のブランド購買モデル ……………………… 97
　　6.4.1　カテゴリーおよびブランドの購買頻度のモデル化 … 97
　　6.4.2　ブランド評価のための指標の算出 …………………… 99
　6.5　実証分析 …………………………………………………… 103
　　6.5.1　データについて ……………………………………… 103
　　6.5.2　分析の結果 …………………………………………… 103
　6.6　まとめ ……………………………………………………… 108

7. 潜在クラス・モデルを利用したブランド・ロイヤルティの評価
　………………………………………………………（守口　剛）… 109
　7.1　はじめに …………………………………………………… 109
　7.2　潜在クラス分析の概要 …………………………………… 110
　7.3　潜在クラス分析の拡張 …………………………………… 112
　7.4　潜在クラス・モデルを利用したブランド・ロイヤルティの評価 …… 114
　　7.4.1　アプローチの方法 …………………………………… 114
　　7.4.2　定式化 ………………………………………………… 115
　7.5　実証分析 …………………………………………………… 117
　　7.5.1　データ ………………………………………………… 117
　　7.5.2　推定結果 ……………………………………………… 117
　　7.5.3　セグメントの特徴 …………………………………… 118

7.5.4 セグメント内のシェア ……………………………………… 119
7.6 まとめ ………………………………………………………… 120

8. ベイジアン・モデリングによる動的ブランド診断
……………………………………（佐藤忠彦・樋口知之）… 122
8.1 はじめに ……………………………………………………… 122
8.2 ベイズ・モデル ……………………………………………… 124
  8.2.1 マーケティングにおけるベイズ・モデルの必要性 ……… 124
  8.2.2 ベイズ・モデルの構造 ………………………………… 126
  8.2.3 ベイズ・モデルの推定法 ……………………………… 129
8.3 動的ブランド診断のためのモデル ………………………… 130
  8.3.1 モデル ………………………………………………… 130
  8.3.2 状態空間モデル表現 …………………………………… 132
  8.3.3 推定アルゴリズム ……………………………………… 134
8.4 実証分析 ……………………………………………………… 136
  8.4.1 データ ………………………………………………… 137
  8.4.2 モデル比較 …………………………………………… 138
  8.4.3 動的ブランド診断 ……………………………………… 138
8.5 まとめ ………………………………………………………… 143
付録：状態空間モデルおよびカルマン・フィルタ/固定区間平滑化 ……… 143

9. 購買データを用いたブランド間の競争市場構造分析の事例 …（佐藤栄作）… 146
9.1 購買データを用いたブランド間の競争構造分析手法の類型 ……… 146
9.2 集計データに基づくブランド間競争構造の分析 ……………… 147
  9.2.1 GS モデルの概要 ……………………………………… 148
  9.2.2 分析事例 ……………………………………………… 150
9.3 非集計データに基づくブランド間競争構造の分析 ……………… 153
  9.3.1 LOGMAP-J の概要 …………………………………… 153
  9.3.2 分析事例 ……………………………………………… 156
9.4 まとめ ………………………………………………………… 158

参 考 文 献 ……………………………………………………………… 160
索　　　引 ……………………………………………………………… 169

1. ブランド評価に関する基本的理解

- ブランド評価に関連する研究は,ブランド・ロイヤルティをキーとしながら従来から行われてきたが,ブランド・エクイティ概念の登場を契機として近年大きく進展してきた.
- 評価対象となる「ブランド」という概念には2通りの捉え方がある.それらは,製品そのものに付加価値をもたらす存在としてのブランドと,製品パフォーマンスを含めた総体としてのブランドの両者である.
- ブランド評価の視点は,マーケティング視点と財務視点の2つに大きく分けられる.マーケティング視点による評価はさらに,購買や販売と関連するマーケティング成果に関連する評価と,その源泉となる消費者のブランド知識に関連する評価とに分けることができる.

1.1 はじめに

　ブランドの重要性は,実務界,学術界の双方で強く認識されてきた.実務の世界では強いブランドを有することの利点が広く喧伝され,ブランドを育成し,それを守っていくためのブランド・マネジメントの重要性が認識されてきた.学術界においても,1980年代に登場したブランド・エクイティの概念とそれに関する一連の議論を契機とし,特にAaker (1991) が刊行されて以降,ブランドに関する研究が活性化してきた.

　ブランドの重要性の認識の高まりとともに,ブランドの評価手法やブランド価値の測定尺度に関する注目も高まってきた.後述するように,ブランド評価のアプローチ方法は,マーケティング視点と財務視点の2つに大きく分けることができる.前者は,製品に対する消費者の評価や市場におけるパフォーマンスへの影響力という視点でブランドを評価しようというものであり,後者は,ドルや円などの貨幣尺度によってブランドの資産価値を測定しようとするものである.

　ブランド・エクイティの概念が登場して以降,財務視点によるブランド資産価値の測定に焦点を当てた論文や書籍は数多く刊行されてきた[注1].また,インターブランド社のように,実際に算出したブランド価値のランキングを毎年公表し

ている機関も存在する．

一方，マーケティング視点によるブランド評価に関しては，ブランド・エクイティ概念が注目されるかなり以前から実務と学術の双方の世界で関心が寄せられ，理論的および実証的な数多くの研究が行われてきた．これらの研究において中心となってきた概念はブランド・ロイヤルティであり，購買データや調査データからブランド・ロイヤルティを測定するための多くの尺度や手法が開発されてきた．

ブランド・ロイヤルティ研究の源流を探ると，古くはCopeland（1923）がブランド・インシステンス（brand insistence）という用語を使い，消費者の特定ブランドに対する態度が購買行動に特別な影響を及ぼすことを指摘している．その後，ブランド・ロイヤルティに関する理論的，実証的な研究が数多く行われる中で，ロイヤルティの測定尺度に関する研究も進展してきた．Jacoby and Chestnut（1978）は，それまでに行われてきた研究を整理し，ブランド・ロイヤルティの尺度を行動的側面からのもの，心理的側面からのもの，両者の合成によるものの3つに分けたうえで，行動的尺度の種類として，「購買比率尺度」「連続購買尺度」「購買確率尺度」「総合尺度」「その他尺度」をあげている．

購買比率尺度は，文字どおり消費者の対象ブランドの購買比率を基準とするものであり，連続購買尺度は，特定のブランドを何回連続して購買するかということを基準とするものである．購買確率尺度は，消費者の対象ブランドの購買確率をロイヤルティの基準とする考え方である．購買確率尺度の多くは，消費者の購買行動を1次のマルコフ過程として捉え，ブランドスイッチ行列からリピート購買確率や平均連続購買回数を捕捉している．

上述した以外のブランド・ロイヤルティ尺度として，価格に着目したものがある．例えばPessemier（1959）は，対象ブランドから他ブランドへのスイッチが発生する価格差をロイヤルティの尺度としている．この場合，小さな価格差で他ブランドにスイッチしてしまう場合にはロイヤルティが低いと捉えられ，スイッチする価格差が大きくなるほどロイヤルティが高いと考えられる．また，守口（1994）は消費者の購買履歴データを利用し，特定ブランドの購買が発生する価格の閾値を個人別に捕捉するモデルを提示している．そして，このモデルで捕捉される各消費者の価格の閾値を，価格尺度で測ったブランド・ロイヤルティであると捉えている．

このように，ブランド評価に関連する研究は，ブランド・ロイヤルティをキーとしながら以前から行われてきたが，ブランド・エクイティ概念の登場とそれ以降のブランドの重要性の認識の高まりを背景として，マーケティング視点による

ブランド評価に関する研究は近年大きく進展してきた．ここでは，その進展の大きな方向として次の2つを指摘しておこう．その1つは，ブランド価値の源泉となる消費者のブランド知識に焦点を当て，その側面からブランド力やブランド価値を検討するという方向である．ブランド連想，ブランド・パーソナリティ，ブランド・リレーションシップなどをテーマとした研究は，この方向に関連するものとして位置づけることができる[注2]．

マーケティング視点によるブランド評価に関する研究のもう1つの進展の方向は，分析手法とモデルの発展である．従前より，マーケティング・サイエンスの領域における最も大きな研究テーマの1つは消費者のブランド選択行動のモデル化であった．Guadagni and Little (1983) が多項ロジット・モデルをこの領域ではじめて適用して以来，ブランド選択モデルの精緻化が進み，近年では潜在クラス・モデルやベイズ・モデルの枠組みで，マーケティング変数への反応やブランド選好の消費者間異質性を考慮するためのモデル開発が進展してきた．

上記のようなブランド選択モデルの多くでは，ブランドに対する選好やロイヤルティなどの変数が考慮され，それによってブランド力やブランド価値を測定するという試みが多く行われている．このようなブランド選択モデルの発展の流れの中で，ブランド評価に関する分析手法とモデルも精緻化されてきた．

上述したように，財務視点によるブランドの資産価値評価に関する書籍は近年数多く刊行されている．一方で，購買データや調査データを利用したブランド評価手法やモデルについては，多くの学術論文が存在するものの，それらを整理した書籍はほとんど存在しない．もちろん，ブランド・エクイティやブランド・マネジメントについて体系的な議論が行われている書籍，例えばAaker (1991; 1995)，Keller (2007)，青木ら (1997) などでは，いくつかの章を設けてマーケティング視点によるブランド評価について整理をしている．しかし，これらの書籍では，ブランド評価に関する既存の調査システムや調査方法に関する説明が中心であり，ブランド評価のための数理モデルや分析手法に関する解説は限定的である．

そこで，本書では，マーケティング視点によるブランド評価に関する調査・分析手法と数理モデルに主たる焦点を当て，それらを俯瞰的に整理し，いくつかの手法やモデルに関する解説を行う．本章では，その導入として以降のパートにおいて，マーケティング視点によるブランド評価の方法を整理したうえで，第2章以降の位置づけを説明する．

1.2 ブランド評価のアプローチ方法

Aaker (1991) はブランド・エクイティを評価するための5つの方法を提示している．それらは，(1) 価格プレミアム，(2) 顧客の選好に対する影響，(3) 再調達原価，(4) 株価を基礎としたブランド価値，(5) ブランドがもたらす将来利益の割引現在価値である．上記のうち再調達原価は，新たにブランドを作り出すためにかかるコストを意味している．この再調達原価も含めて，Aaker があげた5つのうち (3)〜(5) は財務視点によるブランド評価であり，(1)，(2) はマーケティング視点によるものである．

価格プレミアムは，製品の価格のうちブランドがもたらすプレミアム部分を意味している．例えば，まったく同一の機能や成分からなる2つの製品があり，1つはノーブランド品でもう1つは何らかのブランドが付与されているとしよう．この両者の平均的な WTP（willingness to pay）が 1000 円と 1500 円であるとするならば，そのブランドの価格プレミアムは 500 円ということになる．ここで WTP とは，消費者がその製品に対していくらまでなら支払ってもよいと考えているかを表す金額のことであり，「支払い意思額」などと訳される場合もある．本書では WTP という用語を用いる．

Aaker は，価格プレミアムによる方法は価格が類似した製品カテゴリーには用いにくいとし，もう1つの方法として，顧客の選好に与える影響によってブランドの価値評価を行うことを提示している．価格プレミアムの議論と同様，まったく同一の機能や成分を持ち価格も同じ2つの製品があり，1つはノーブランド品でもう1つは何らかのブランドが付与されているとき，両者に対する消費者の選好の差分をブランドの価値であると捉えることができる．このような選好の差分はブランドの選好プレミアム（preference premium）とも呼ばれる．

Keller and Lehmann (2006) は，ブランド・エクイティの測定方法を顧客レベル，製品市場レベルおよび財務レベルの3つに分類している．顧客レベルのブランド・エクイティは，消費者のブランド知識によって測定することが可能であり，それは次のような5つの構成要素からなる．

1) awareness：認知
2) association：連想
3) attitude：態度
4) attachment：愛着

5) activity：活動

　これらのうちブランド認知が最も土台となる要素であり，5つ目の活動までの各要素を階層構造ないしはチェーン構造として捉えることができる．ここで活動は，顧客がブランドを使用したり，ブランドについてほかの人に話をしたり，ブランドの情報などを求める度合いだとされる．

　製品市場レベルのブランド・エクイティは，市場におけるインパクトによってブランド・エクイティを測定しようとするものである．この分類には，先述した価格プレミアム，選好プレミアム，広告弾力性の増加，競合の価格変化に対する感度の低下などが含まれる．このように，製品市場レベルのブランド・エクイティは，市場における成果を生み出すという視点でブランドの価値を捉えるものである．

　Keller（2007）は，ブランド・エクイティの測定方法を，間接的アプローチ（ブランド・エクイティの源泉の測定）と直接的アプローチ（ブランド・エクイティの成果の測定）というように大きく2つに分けて議論している．前者は，先述したKeller and Lehmann（2006）の顧客レベル尺度に対応しており，後者は製品市場レベルと財務レベルを含んでいる．

　上述してきた既存研究は，ブランド・エクイティの測定方法や測定尺度に関する分類を提示した代表的なものであるが，このほかにも多くの研究で類似した分類が行われている．例えば，山之口（2005）は，ブランド価値評価手法を消費者評価アプローチと財務・会計アプローチに大きく二分し，さらに前者をイメージ価値評価と購買価値評価とに区分している．また，松浦（2005）はブランド価値評価のアプローチを，マーケティング・アプローチと財務・会計アプローチの2つに区分している．

　上述してきた研究における分類の整理から，ブランド評価のアプローチを，「マーケティング視点」と「財務視点」とに大きく分類できることがわかる．さらに，マーケティング視点による評価は，「市場における成果をもとにする方法」と，「その源泉となる消費者のブランド知識に焦点を当てる方法」とに分類することが可能である．

1.3　ブランド評価の対象

　ブランド評価の対象がブランドであることは間違いないが，ブランドをどのレベルで捉えるのかには2通りの考え方が存在する．その1つは，付加価値として

のブランドであり，もう1つは総体としてのブランドである．前者は，製品[注3]そのものに付加的な価値をもたらす存在としてブランドを捉えようというものであり，後者は，製品そのものの価値を含めた総体としてのブランドを評価するという考え方である．

ブランド・エクイティという概念を用いてその測定を考える場合には，それが財務視点であれマーケティング視点であれ，基本的には付加価値としてのブランドに焦点を当てている．財務アプローチでは，無形資産としてのブランドの価値を測定することが主眼となる．例えば，先述したインターブランド社はインカム・アプローチと呼ばれる方法によってブランドの資産価値を算出している．

インカム・アプローチでは，ブランドの将来利益の割引現在価値の一定割合もしくはブランドによる超過利益部分を，ブランドの資産価値であると考える（刈屋，2005）．このようにインカム・アプローチでは，製品そのものにブランドが付与されることによって生じる追加的利益をブランド価値であると規定しており，まさに付加価値をもたらす存在としてのブランドを評価対象としている．財務アプローチにおけるほかの手法も，基本的には付加価値としてブランドを捉え，その資産価値を測定している．

マーケティング視点でブランド・エクイティを考慮するときも，同様に付加価値としてのブランドに焦点を当てている．例えば，Kellerは顧客ベースのブランド・エクイティという概念を導入し，これを「あるブランドのマーケティング活動に対する消費者の反応にブランド知識が及ぼす差別化効果」と定義している[注4]．Kellerはそのうえで，「ブランドが特定されたときに，そうでないとき（製品に架空の名前がついていたり名前を外している場合）に比して顧客がその製品や販売方法に好意的な反応を示す場合に，そのブランドがポジティブな顧客ベースのブランド・エクイティを有する」と説明している[注5]．

このように，顧客ベースのブランド・エクイティは，ブランドが付与されることによってもたらされる付加価値として捉えることができる．一般に，ブランド・エクイティやブランド価値という用語を使い，その評価，測定を議論する場合には，付加価値としてのブランドに焦点を当てていると考えられる．例えば，先述した価格プレミアムは，ある製品にブランドが付与されることによって，そうでない場合よりも消費者が支払ってもよいと考える追加的な金額を意味している．同様に選好プレミアムは，ブランドが付与されていない場合と付与されている場合との選好の差分を表している．これらの指標はまさに，付加価値としてのブランドを評価するものである．

ブランド評価を行う際のもう1つのブランドの捉え方は，製品そのものも含めた総体としてブランドを捉えるというものである．特に，マーケティング視点でブランド評価を行う際には，先述した付加価値としてのブランドのほかに，総体としてのブランドも主要な対象となる．

消費者がブランドを評価する場合には，ブランドが付与された製品全体を対象とするのが通常であり，付加価値としてのブランドを評価しているわけではない．消費者が例えば，「スーパードライ」とか「ユニクロ」などのブランドを評価するときに，製品そのものとブランドとを切り分け，そのうちの後者のみを対象とするわけではない．製品パフォーマンスも含めた総体としてのブランドを評価するはずである．

販売データや購買データを利用してブランドの評価を行う際も，通常は，製品そのものと一体となったブランドを評価対象とするだろう．第2章で議論するように，販売データや購買データから，製品パフォーマンスとブランドを切り分けて評価を行うための分析手法は数多く開発されているが，特に販売やマーケティングに携わる実務家にとっては，製品そのものを含めた総体としてのブランドの評価が主たる関心事になるはずである．

このように考えると，価値評価の対象となるブランドには，製品そのものに付加価値をもたらす存在としてのブランドと，製品パフォーマンスを含めた総体としてのブランドの両者があることがわかる．すでに議論したように，ブランド・エクイティの測定やブランド価値評価という用語は，付加価値としてのブランド評価という意味合いを持っている．一方で，単にブランド評価という場合には，製品そのものも含めた総体としてのブランドに焦点を当てるというニュアンスが強いように思われる．これらの用語は必ずしも明確に使い分けられているわけではないが，ここでは，両者を上記のように使い分けることとする．

1.4 ブランド評価方法の分類とそれぞれの特徴

上述してきた付加価値としてのブランドと総体としてのブランドという相違と，先述したアプローチ方法の違いとによって，ブランド評価方法を分類すると表1.1が得られる．マーケティング視点による評価は，購買や販売と関連するマーケティング成果に関連する評価と，その源泉となる消費者のブランド知識に関連する評価とに分けられる．成果による評価の対象には，付加価値としてのブランドと総体としてのブランドの両方が存在する．前者は，マーケティング視点によるブ

表 1.1 ブランド評価方法の分類

評価視点		対象	付加価値としてのブランド	総体としてのブランド
マーケティング視点	源泉による評価		消費者知識をベースとしたブランド（価値）評価	
	成果による評価		マーケティング視点によるブランド価値評価	マーケティング成果をベースとしたブランド評価
財務視点			財務視点によるブランド価値評価	—

ランド価値評価（ないしはブランド・エクイティ評価）であり，市場においてどのような成果を生み出すのかという観点からの評価ということになる．

　マーケティング視点によるブランド価値評価の具体的な測定尺度として，先述した価格プレミアム，選好プレミアムなどがあげられる．さらに，広告弾力性の向上や競合ブランドの値下げへの耐性の増加のような，マーケティング変数への反応の改善という側面からブランド価値を評価することも可能だと考えられる．

　表 1.1 におけるマーケティング成果によるブランド評価は，総体としてのブランドを対象とした成果による評価として位置づけられる．この分類の最もシンプルな測定尺度は，ブランドの売上，シェア，リピート率などであるが，これらの指標には製品パフォーマンスを含むブランド力だけではなく，プロモーションや販売方法による変動も含まれていることに注意する必要がある．ブランド力は低下しているが，プロモーションを強化することでシェアやリピート率が維持されていることもあるし，その逆も考えられる．こうした場合，売上やシェアなどの指標だけでブランド力を評価すると，ブランド力の変化を見逃してしまうことになる．

　上記のことを考慮し，ブランドの売上やシェアに含まれるプロモーション変動や季節変動などの要素を除去した指標はベースラインと呼ばれる．売上やシェアのベースラインをみることによって，上記のような変動要因に惑わされずにブランド力の推移を確認することが可能となる．

　市場における競争優位性や競合ブランドを考慮したポジショニングの把握についても，競争視点からのブランド評価として位置づけることが可能だろう．この場合は，製品パフォーマンスを含む総体としてのブランドの評価を，競争視点で行っていることになる．

　表 1.1 における「消費者知識をベースとしたブランド（価値）評価」は，消費

者のブランド知識を基礎としたブランドまたはブランド価値の評価を意味している．この場合の評価対象が総体としてのブランドなのか付加価値としてのブランドなのかを，厳密に切り分けることは難しいと考えられる．

例えば，iPhone というブランドに関する消費者知識がどのように形成されるのかを考えてみよう．iPhone のある特定の 1 機種だけを使ったことがある消費者のブランドに関する知識は，その機種の使用経験に基づいて形成されるだろう．したがって，その知識の源泉はその機種の製品パフォーマンスを土台としたものになるはずであり，総体としてのブランドに関する知識であると考えることができる．一方で，これまでに iPhone を使ったことがなく，機能や性能に関する知識も持っていない消費者が，広告などで形成されたブランド・イメージに基づいてiPhone のブランド評価を行う場合には，製品パフォーマンスとは切り離されたブランドそのものの知識を有しているのだと捉えることもできるだろう．さらに，これまでの iPhone の多くの機種を利用してきた消費者のブランド知識は，個々の機種の機能や性能が咀嚼され抽象化された，ブランドに共通する特徴によって成り立っているのだと解釈することができるかもしれない．この場合には，その知識は付加価値としてのブランドに関するものだと理解することが可能であろう．

いずれにしても，消費者のブランド知識の形成過程にはさまざまなバリエーションがあると考えられるため，その知識をベースとしたブランド評価の対象が総体としてのブランドであるのか，付加価値としてのブランドであるのかを切り分けることは難しいと考えられる．

財務視点によるブランド価値評価（ないしはブランド・エクイティ評価）は，先述したように付加価値としてのブランドを対象としており，無形資産としてのブランドの価値を測定することが主眼となる．本書では，表 1.1 におけるマーケティング視点のブランド評価に焦点を当て，財務視点による評価は扱わない．

1.5　消費者知識をベースとしたブランド評価の手法

本書における中心的なテーマは，表 1.1 の中のマーケティング視点での成果による評価となるが，ここでは，マーケティング視点による評価をより広く理解するために，消費者知識をベースとしたブランド評価について，2 つの代表的な調査システムを例にとってその内容を紹介する．

消費者知識によるブランド評価は，市場における成果をもたらす源泉から捉えたブランドの価値評価を意味しており，消費者のブランド認知，ブランド連想，

ブランド態度，ブランド・ロイヤルティなどの側面から評価を行う．

多くの企業は，自社ブランドに関する上記のような指標を継続的に調査しており，それらをブランド・マネジメントに活用している．また，これらの指標は個々の企業が調査しているだけでなく，調査会社やブランド・コンサルティング会社などの第三者機関が評価尺度を開発したり，それに基づいた調査結果を毎年公表するということも行われている．そこで次に，消費者知識によるブランド評価の概要を理解するために，BrandAsset Valuator（以下，BAV）とブランド・ジャパンという，第三者機関による代表的な評価手法の2つを紹介しよう．

BAVはグローバル広告会社であるヤング＆ルビカム社が開発したブランド評価モデルである．以下では，松浦（1997；2005）およびKeller（2007）を参考として，BAVの概要を紹介する．BAVは，1993年から世界50か国以上で実施されてきた調査による，合計66万人の消費者を対象とした4万以上のブランドに関するデータベースを基礎としている．日本では，電通との合弁会社である電通ヤング＆ルビカム社が調査を実施している．

BAVでは，4つの柱となる基本指標によってブランド価値を測定する．それらは，差別性（differentiation），適切性（relevance），尊重（esteem），知識（knowledge）である．差別性は，そのブランドがどの程度他ブランドと差別化されていると認識されているかを表す指標であり，適切性はそのブランドが自分にとってどの程度ふさわしいと思われているかを示している．尊重は，そのブランドが消費者から高く評価され尊敬されていることを表す指標であり，知識はブランドの認知や理解の程度を示している．

BAVモデルでは，差別性と適切性の合成指標をブランドの成長への活力（brand strength），尊重と知識の合成指標をブランドの現在の能力（brand stature）とし，図1.1のようなパワーグリッドを利用している．通常，新しいブランドは左下からスタートし，成長，衰退を経て時計回りに推移すると考えられている．このようにBAVは，ブランドに関する知識や差別性などの認識のような，消費者の心理的側面からブランド価値を測定している．

上記のように，新ブランドは図1.1の左下の象限からスタートし，差別性と適切性を訴求することによって左上の成長ブランドへと移行する．さらに，差別性と適切性を確立し，消費者知識をもとにした尊重を獲得したブランドは，潜在成長力と現在の能力がともに高いリーダー・ブランドとして位置づけられる．その後，差別性を失い潜在成長力が低下したブランドは衰退ブランドの位置に移っていく．

1.5 消費者知識をベースとしたブランド評価の手法

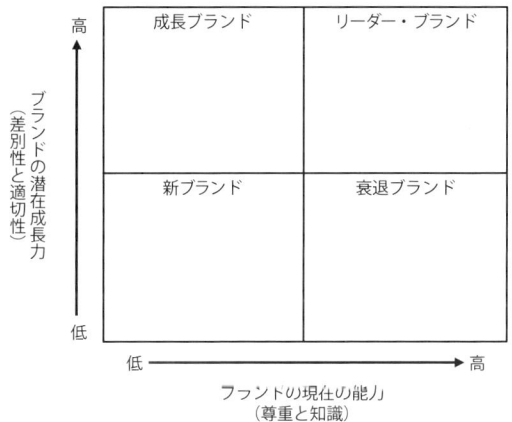

図 1.1 パワーグリッド

このように BAV では，差別性，適切性，尊重，知識という 4 つの柱によってブランドを評価することでブランドの成長段階を判断するとともに，ブランド・パーソナリティの側面からブランド評価を行うことで，ブランド戦略やコミュニケーション戦略についての示唆を抽出している．

次に，ブランド・ジャパンについて説明しよう．ブランド・ジャパンは，日本で使用されているブランドを対象とする，ブランド評価の調査プロジェクトであり，日経 BP コンサルティングの主宰で，2001 年から毎年調査が実施されている．ブランド・ジャパンでは，消費者の評価（B to C 指標）と，ビジネスパーソンの評価（B to B 指標）の双方を調査しているが，ここでは，豊田（2003）および日経 BP コンサルティングの Web サイトを参考として，消費者によるブランド評価の概要を紹介しよう．ブランド・ジャパンの消費者評価モデルは，図 1.2 のように，1 次因子 4 つと，2 次因子 1 つからなる 2 次因子分析モデルで表現される．1 次因子は，フレンドリー，イノベーティブ，アウトスタンディング，コンビニエントの 4 つであり，それぞれ表 1.2 のような質問項目によって測定される．

消費者評価の対象ブランドは，ブランド想起に関する事前調査によってノミネートされた 1000 ブランドであり，本調査では 35507 人の消費者が回答している（2013 年調査の場合）[注6]．

上記の調査から得られたデータに上述したモデルを適用し，各ブランドに関する 4 つの因子の因子得点を重みづけして合成された総合指標がブランド力として算出されることになる．

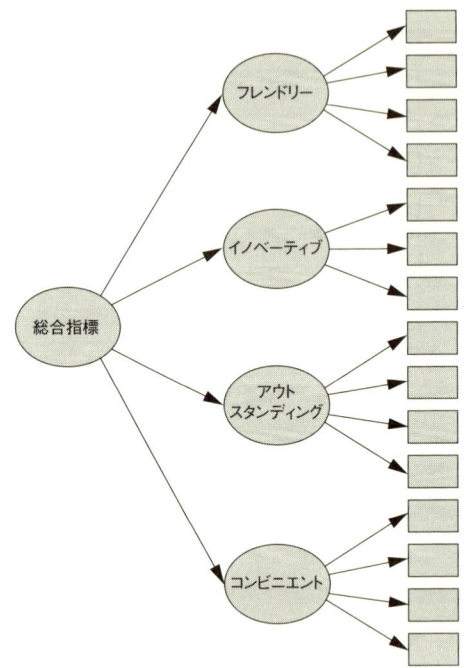

誤差項は省略．☐はそれぞれの因子に関する質問項目を表す

図1.2 ブランド・ジャパン B to C 指標の因子構造

表1.2 ブランド・ジャパン B to C 指標の4因子と質問項目

フレンドリー 因子	親しみを感じる なくなると寂しい 好きである・気に入っている 共感する・フィーリングがあう
イノベーティブ 因子	いま注目されている（旬である） 勢いがある 時代を切りひらいている
アウトスタンディング 因子	ほかにはない魅力がある かっこいい・スタイリッシュ 際立った個性がある ステータスが高い
コンビニエント 因子	品質が優れている 役に立つ・「使える」 最近使っている 知らない・まったく興味がない

1.6 マーケティング視点での成果によるブランド評価

　上述したとおり，マーケティング視点での成果によるブランド評価手法は，本書における中心的なテーマとなる．ここでは，そのための測定尺度を説明するとともに，第2章以降との関連を整理する．

　マーケティング視点によるブランド価値評価のための測定尺度としては，先述した価格プレミアム，選好プレミアムがあげられる．Ailawadi et al. (2003) は，選好プレミアムと同様の概念として販売量プレミアム（volume premium）という用語を利用している．これらの概念はいずれも，ブランドを付与することが，消費者の選好を高め販売量の増大に寄与するという現象を意味している．

　なお，Ailawadi らは，価格プレミアムを獲得して高価格をつけるブランドは販売量では不利になりやすく，販売量プレミアムを得るブランドは価格プレミアムを得にくいというように，両者の間にトレードオフが発生することから，両者を包含する概念として収益プレミアム（revenue premium）を提唱している．これは，ブランドがもたらす売上金額の増分を意味しており，価格プレミアムと販売量プレミアムの積によってもたらされることになる．Ailawadi らの研究については，第2章で詳しく紹介する．価格プレミアムについては第4章で詳しく扱うほか，第5章ではコンジョイント分析によって価格プレミアムを算出する方法について説明する．

　第5章で議論されるコンジョイント分析は，ブランド力を測定するためによく利用される分析手法の1つである．コンジョイント分析は，さまざまな製品属性を組み合わせて作成された仮想的製品（製品プロファイルと呼ばれる）を対象とした被験者の評価や選好順位に基づいて，個々の製品属性に関する選好度を算出する手法である．ここで，製品属性の1つとしてブランドを取り上げることによってブランドに対する選好度を算出することが可能となる．さらに，属性の1つとして価格を考慮すれば，ブランドの影響力と価格の影響力とを比較することが可能となり，この比較によってブランドの影響力が価格何円分に相当するのかを算出することができる．

　第2章で紹介する Kamakura and Russell (1993) のモデルは，ブランド選択モデルの枠組みを利用してブランド価値を測定するものである．彼らのモデルでは，消費者にとってのブランドの魅力度を，製品属性に関連した有形価値要素と，製品属性に関する知覚の歪みやその他のブランド連想から生じると考えられる無形

価値要素に分解することによって，ブランド価値評価を可能としている．

表1.1における，マーケティング成果をベースとしたブランド評価には，本書の多くの章で焦点を当てている．まず第2章では，先述した売上のベースラインを算出するためのモデルの1つであるSCAN*PROモデルを紹介している．また，第6章では，ブランド売上を市場浸透率と顧客の購買頻度などの要因に分解することによってブランド評価を行う方法について解説したうえで，購買履歴データを用いた実証分析について説明している．

第7章では，ブランド・ロイヤルティによる消費者の潜在的セグメントを考慮したブランド選択モデルを購買履歴データに適用することによって，ロイヤルティの高さとロイヤル・ユーザーの構成比などの視点でブランドを評価する方法について解説している．さらに第8章では，近年マーケティング・サイエンスの領域の非常に多くの研究で用いられているベイズ・モデルについて説明したうえで，ベイズ・モデルの一種である状態空間モデルを利用し，POSデータを利用してブランド力の動的な推移を測定するためのモデルについて解説している．また，第2章と第3章では，競争市場構造分析に基づき，ブランド間の競争視点からブランド評価を行う手法についても論じている．さらに第9章において，購買履歴データを用いた競争市場構造分析の実証事例について説明している．

以上のように本書では，表1.1における「マーケティング視点によるブランド価値評価」と「マーケティング成果をベースとしたブランド評価」の2つの領域を中心として，分析手法と数理モデルに関する説明と実証分析についての解説を行う．

■注

(1) 日本で発行された主な書籍として，オリバー（1993），伊藤（2000），田中（2000），レブ（2002），広瀬・吉見（2003），刈屋（2005）などがある．
(2) Keller（2007）の第9章において，この方向に関する研究と調査システムが詳述されている．
(3) ここでの製品は，有形の製品だけではなく無形のサービス，店舗，場所，組織などを含む広義のものと捉えて議論する．
(4) Keller（2007）邦訳書 p.50．
(5) 同上．
(6) 調査対象者1人当たりの回答対象ブランドは20であり，1ブランド当たりの平均回答者数が793となっている．

2. 購買データを利用したブランド評価

- 消費者がブランドに対して保持する態度そのままに実際の購買行動を行うとは限らない．それゆえ消費者のブランドに対する知識や態度を評価するのみではなく，実際の購買意思決定の過程にも目を向けなければならない．
- 購買データを利用したブランド評価には主に2つの視点がある．1つは，個々のブランドのパワーやその源泉を構造的に捉えようとする視点である．もう1つは，製品市場を構成する複数のブランド間の関係を構造的に捉えようとする視点である．
- 購買データには集計データと非集計データがあり，それぞれのタイプに適用しブランドの評価を行うためのモデルが複数提案されている．

2.1 はじめに

　消費者ベースのブランド・エクイティの形成には，ブランド知識が重要な役割を果たしている (Keller, 2007)．それゆえブランドが現在置かれている状況を把握し，その課題を明らかにしていくためには，消費者が持つブランド知識とそれに起因する態度を把握していくということが，重要な課題の1つになる．けれども，消費者のブランドに対する知識や態度を把握するのみで，ブランドの評価が完結するということではない．それは，消費者が，ブランドに対して保持する態度そのままに，実際の購買行動を行うとは限らないからである．特に日常的に繰り返し購買され，かつその購買意思決定に関する消費者の関与の水準がさほど高いとはいえない食品や日用品の場合には，メーカーや流通業が行うセールス・プロモーションの影響を受け，この傾向はより顕著なものとなるであろう．それゆえ，より精緻なブランド管理を行っていくためには，消費者のブランドに対する知識や態度を評価するのみで良しとするのではなく，実際の購買意思決定の過程にまでも踏み込んでいかなければならないのである．

　本章では，購買データを利用したブランド評価の手法に焦点を当て，主にPOSデータやスキャナー・パネル・データ，ID付きPOSデータといった消費者の実

際の購買行動を記録したデータを利用して，ブランド評価を行うために提案されてきている手法について概観していくこととする．

2.2 購買データを用いたさまざまなブランド評価の手法

購買データには，POS データのように店舗などの単位で集計された集計レベルのデータや，スキャナー・パネル・データあるいは ID 付き POS データのように消費者個々人の購買履歴（明細）を記録した非集計レベルのデータがある．ブランド評価において，これらの購買データはどのように活用されるのであろうか．それを確認するために，本節では，購買データを利用したブランド評価手法の整理の枠組みについて検討を行う．

例えば POS データのような店舗ごとの集計データは，地理的な複数市場における 1 つまたは複数ブランドの評価や，継時的なトラッキングを行うのに向いているとされている（Sriram et al., 2007）．他方，消費者の異質性を考慮してブランド評価を行うには，スキャナー・パネル・データや ID 付き POS データのような，世帯あるいは個人の購買履歴を記録した非集計レベルの購買データが用いられる．また，複数のブランド間の相対的な競争関係を把握するには，集計レベルの購買データ，非集計レベルの購買データのいずれもが用いられている（井上，2001）．

これらの点を踏まえて，ひとまずブランド評価の目的に着目すると，購買データを利用したブランド評価は，図 2.1 のように整理することができる．1 つ目の視点は，個々のブランドのパワーやエクイティあるいはその源泉を構造的に捉えようとするアプローチである．これらのアプローチは，特定のブランドの評価に対して特に焦点が当てられるだろうから，図 2.1 では「個別ブランドの評価」という項目で括っている．これに対してもう 1 つの異なる視点は，製品市場を構成

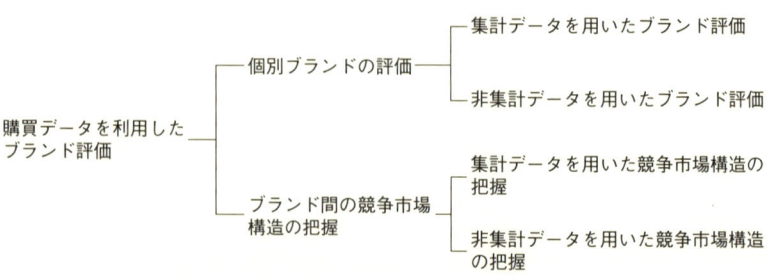

図 2.1　購買データを用いたブランド評価の類型

する複数のブランド間の関係を，構造的に捉えようとするアプローチである．このアプローチでは，特定のブランドの評価もさることながら，ほかのブランドとの競争的な関係を詳らかにすることにより強い興味がある．それゆえ図2.1では，「ブランド間の競争市場構造の把握」という項目で括っている．

ところで，個別ブランドの評価を行うにせよ，ブランド間の競争市場構造を把握するにせよ，それぞれの分析で用いられる購買データのタイプに注目すると，本節の冒頭で述べたように，それらには集計レベルのデータと非集計レベルのデータがある．それゆえ第2段階目の分類では，図2.1に示されるように集計・非集計のデータのタイプによる括りとすることとした．

なお，個別ブランドの評価，あるいはブランド間の競争市場構造の把握のいずれか一方により重きをおいているにしても，購買データを利用した多くのブランド評価手法では，何らかの次元でブランド間の相対的な関係を捉え評価を行うというアプローチがとられている．個別ブランドの評価といえどもほかのブランドとの相対的な関係が捉えられるということが一般的であるので，見方を変えれば，それは複数ブランド間の相対的・競争的な関係を評価していると捉えることもできる．ここでは整理の都合からひとまず図2.1のような枠組みを提示しているとはいえ，個別ブランドの評価とブランド間の競争市場構造の把握は，同じ製品市場におけるブランドのパフォーマンスを異なる視点でみているものであると考えるべきであり，まったく異質なものではないということには留意していただきたい．

以下の節では，図2.1に沿って，集計データを用いたブランド評価，非集計データを用いたブランド評価，集計データを用いた競争市場構造の把握，非集計データを用いた競争市場構造の把握の順に，主なブランド評価の手法を確認していくこととする．なお，競争市場構造分析については，井上(2001)が詳細な議論を行っているので，本章では簡単な確認にとどめ，主に個別ブランドの評価に関する手法を中心に検討していくこととする．

2.3 個別ブランドの評価

2.3.1 集計データを用いたブランド評価

集計データを用いたブランド評価には，主に2つのアプローチがある．1つは基準となるブランドを設定し，それとの対比でブランド評価を行うものである．もう1つは，ブランドの需要を定式化し，マーケティング活動の影響などを考慮

しつつブランド評価を行うものである．本節では，これらの方法に焦点を当て，その概要を確認する．

a. 基準となるブランドとの対比によるブランド評価

Ailawadi et al.（2003）は，集計レベルの購買データを用いてブランド・エクイティを測定する尺度として，revenue premium（以下，収益プレミアム）を提案している．Keller and Lehmann（2006）は，多数提案されているブランド・エクイティ尺度を，顧客レベルの尺度，製品レベルの尺度および財務レベルの尺度の3つに類型化しているけれども，Ailawadi et al.（2003）の収益プレミアムは，その中の製品レベルの尺度に該当するものである．製品レベルの尺度を用いることの根底にある考え方は，ブランド・エクイティによる効果が，消費者の反応を介して最終的には市場における当該ブランドのパフォーマンスに反映されるはずであるから，それを測定することによってブランド・エクイティを評価しようというものである．製品ベースの尺度として利用されてきたほかの主な尺度には，例えば価格プレミアムや市場シェアなどもある．けれども，Ailawadi et al.（2003）は，それらの尺度について複数の問題点を指摘している．例えば1つ目の問題点は，実験的な状況での購買に関する消費者の判断に依拠している尺度の場合，文脈効果のようなさまざまなバイアスの影響を受ける可能性があるという点である．2つ目の問題点は，コンジョイント分析で測定される尺度の場合，その測定調査にかなりの時間がかかる可能性があり，日常的なモニタリングに利用できないという点である．3つ目の問題点は，不完全で誤解を生むようなブランド・エクイティの推定値を与える可能性があるという点である．これは例えば，大幅な値引きをしているブランドのシェアが高い場合に，ブランド・エクイティをそのままのシェアで評価すると過剰推定になってしまうというような問題である．Ailawadi et al.（2003）は，これらの問題点を克服する尺度として，収益プレミアムを提案している．以下，この収益プレミアムについて簡単に確認する．

収益プレミアムは，以下の(2.1)式のように定義される．

$$\text{収益プレミアム}_b = \text{売上数量}_b \times \text{価格}_b - \text{売上数量}_{pl} \times \text{価格}_{pl} \quad (2.1)$$

ここで，添え字 b はブランド・エクイティを計算する対象のブランドを示している．また，添え字 pl は，比較対象のベンチマークとなるブランドを示している．そのうえで，Ailawadi et al.（2003）は，ベンチマークとなるブランドとしてプライベート・ブランド（以下，PB）を想定している．

また，売上数量は，当該ブランド自身のマーケティング・ミックスと競合ブランドのマーケティング・ミックスの影響を受けるとともに，ブランド・エクイテ

ィ自体の直接的および間接的な影響も受けるものと仮定されている．ブランド・エクイティの間接的な影響とは，当該ブランドのマーケティング活動をより効果的なものにするということと，競合ブランドのマーケティング活動の影響を防ぐという作用があるということである．売上数量に関するこのような構造を，Ailawadi *et al.* (2003) は，以下の(2.2)式のように表現している．

$$S_j = f_j(M_j, P_j, M_k, P_k, M_jE_j, P_jE_j, M_kE_j, P_kE_j, E_j) \quad (2.2)$$
$$E_j = g_j(M_j, P_j, F_j, C_j, M_k, P_k) \quad (2.3)$$

ここで，S は売上数量，M はマーケティング・ミックス，P は価格，E はブランド・エクイティ，F は企業の強さ，C はカテゴリー特性，そして j と k はブランドを示す添え字である．

そのうえで，上記の(2.2)式および(2.3)式によって規定されるような競争的な市場であれば，ブランド j とブランド k は，それぞれが自身の利益最大化を目指してマーケティング・ミックスと価格を決めるように振る舞うものと想定される．その結果，それぞれのブランドのマーケティング・ミックス，価格およびブランド・エクイティの均衡集合 $(M_j^*, P_j^*, M_k^*, P_k^*, E_j^*, E_k^*)$ が得られ，それがさらに下式のようなブランド j の均衡売上金額をもたらすと考えられる．

$$R_j^* = S_j^* P_j^*$$
$$= f_j(M_j^*, P_j^*, M_k^*, P_k^*, M_j^*E_j^*, P_j^*E_j^*, M_k^*E_j^*, P_k^*E_j^*, E_j^*)P_j^* \quad (2.4)$$

さらに，ブランド j が無名ブランドであるとしたら，その場合の均衡集合は $(M_j^{**}, P_j^{**}, M_k^{**}, P_k^{**}, E_j^{**}=0, E_k^{**})$ であるので，このときの均衡売上金額は以下のようになる．

$$R_j^{**} = S_j^{**} P_j^{**} = f_j(M_j^{**}, P_j^{**}, M_k^{**}, P_k^{**})P_j^{**} \quad (2.5)$$

(2.4)式と(2.5)式の関係から，ブランド・エクイティによる効果は，結局のところ収益プレミアム $R_j^* - R_j^{**}$ となる．

ところで，(2.2)式および(2.3)式を用いてブランド・エクイティの厳密な計算をするのは困難であるため，Ailawadi *et al.* (2003) は，$R_j^* - R_j^{**}$ を近似する実用的な方法を利用している．それは，分析対象の売上金額を R_j^* とし，同じカテゴリー内のPBの売上金額を R_j^{**} とするという方法である．このような計算をするために，Ailawadi *et al.* (2003) は2つの仮定を課している．1つは，各ブランドとも合理的な均衡戦略をとり続けるというものである．そしてもう1つの仮定は，PBが，分析対象ブランドのブランド名がない場合の市場反応に似た反応をするというものである．前者の仮定は，週単位のような短期的な視点では成り立たないかもしれないけれども，年単位などのより長い時間的フレームであれば成り立

つ可能性が高いと考えられている．

　Ailawadi et al.（2003）の提案した収益プレミアムは，POS データを年単位で集計して計算すれば容易に求めることができるので，実務的に利用しやすいものとなっている．また，ブランド・エクイティが金額ベースで評価されるので，マーケティング ROI の評価を容易にするという望ましい性質も持っている．さらに収益プレミアムは，価格プレミアムや市場シェアプレミアムとは違って，複数のエリアや店舗について単純に足し上げることができるので，単一のエリアや店舗における場合のみでなく，複数のエリアや店舗における場合であってもブランド評価が容易に行えるという利点もある．ただし，ブランド評価を行う時間的フレームを短くとると，Ailawadi et al.（2003）の仮定が成り立たなくなり，ブランド・エクイティの評価がおかしなものとなる可能性があることには注意しておく必要がある．

b. 需要の定式化によるブランド評価

　集計データを用いてブランド評価を行うためのもう 1 つのアプローチは，当該ブランドの需要について何らかの定式化を行い，マーケティング・ミックスなどの影響を可能な限り分離しつつ評価を行うという方法である．

　例えば，POS データを利用してセールス・プロモーションの効果などを分析するために用いられる代表的なモデルに，SCAN*PRO モデルがある（Van Heerde et al., 2002; Van Heerde and Neslin, 2008; Andrew et al., 2008）[注1]．Van Heerde and Neslin（2008）の表記に従えば，SCAN*PRO モデルは以下のように定式化される．

$$S_{bst} = \lambda_{bs} \mu_{bt} \prod_{b'}^{B} \{PI_{b'st}^{\beta_{b'b}} \cdot \gamma_{1b'b}^{FEATONLY_{b'st}} \cdot \gamma_{2b'b}^{DISPONLY_{b'st}} \cdot \gamma_{3b'b}^{FEAT\&DISP_{b'st}}\} e^{U_{bst}} \quad (2.6)$$

ここで，S_{bst} は週 t の店舗 s におけるブランド $b(=1, \cdots, B)$ の売上数量，PI_{bst} は価格掛率，$FEATONLY_{bst}$ はチラシのダミー変数，$DISPONLY_{bst}$ は特別陳列のダミー変数，$FEAT\&DISP_{bst}$ はチラシと特別陳列同時実施のダミー変数である．また，λ_{bs}, μ_{bt}, $\beta_{b'b}$, $\gamma_{1b'b}$, $\gamma_{2b'b}$, $\gamma_{3b'b}$ は推定すべきパラメータである．

　特に λ_{bs} は，季節性を除去したうえで，値引きがなく，チラシや特別陳列のようなプロモーション活動も実施されない状況で期待される売上であり，店舗 s におけるブランド b のベースライン売上と呼ばれるものである．この λ_{bs} は，純粋なブランド固有のパワーあるいはエクイティを捉えている訳ではないけれども，それをある程度近似しているという意味で，ブランド評価のための 1 つの指標となり得るものである．ただし，添え字に店舗を示す s があるように，この指標はあく

までも特定の店舗におけるブランドの指標である．このことと関連して，SCAN*PRO モデルで得られるベースライン売上は，値引きやプロモーション以外の販売要因（例えば，小売店頭の陳列場所やスペースなど）の影響を含んだ指標となっていることにも留意しなければならない．先にも述べたように，SCAN*PRO モデルは，セールス・プロモーション施策への示唆を与えることを主な目的として開発されているモデルであるので，ブランド評価という観点からみると，ベースライン売上 λ_{bs} に含まれると予想される複数の効果を，可能ならば分離する方が望ましいということを確認しておきたい．

売上数量についてのモデル化を行っているほかの研究としては，中山ら（2006）の研究がある．中山ら（2006）は，Montgomery（1997）のモデルをベースに，複数店舗におけるブランドの売上数量を以下のように定式化し，推定された切片項を利用してブランドの相対的なパワーを評価する方法を提案している．

$$q_{stj} = \alpha_{sj} + \sum_{j'=1}^{J} \beta_{sjj'} p_{stj'} + \gamma_{sj} x_{st} + \varepsilon_{stj}, \qquad \varepsilon_{st} = (\varepsilon_{st1}, \cdots, \varepsilon_{stJ})' \sim N(0, \Sigma_s) \quad (2.7)$$

ここで，q_{stj} は週 t の店舗 s におけるブランド $j(=1, \cdots, J)$ の売上数量の自然対数，$p_{stj'}$ は週 t の店舗 s におけるブランド j' の価格の自然対数，x_{st} は週 t の店舗 s の客数の自然対数である[注2]．

中山ら（2006）は，(2.7)式のモデルから推定されるベースライン α_{sj} の水準が，各店舗の商圏規模からも影響を受ける可能性を考慮し，店舗間比較を行うために，$\alpha_{sj}/\sum_{j'=1}^{J}|\alpha_{sj'}|$ というような基準化をした指標を提案し，これを相対ベースラインと呼んでいる．この相対ベースラインを比較することによって，分析対象とした複数店舗のそれぞれにおける各ブランドの相対的なパワーを評価することが可能となっている．

これまでの売上数量のモデルに対して，シェアに基づくモデルをベースとするアプローチもある．例えば，Cooper and Nakanishi（1988）の MCI モデルでは，ブランドのシェア s_j は以下のように定式化される．

$$s_j = \frac{A_j}{\sum_{j'=1}^{J} A_{j'}}, \qquad A_j = \exp(\alpha_j) \cdot \prod_{k=1}^{K} X_{kj}^{\beta_k} \cdot \varepsilon_j \quad (2.8)$$

ここで，X_{kj} はブランド $j(=1, \cdots, J)$ の k 番目のマーケティング変数（例えば，価格）である．α_j と β_k は推定すべきパラメータであって，その中で α_j が，マーケティング変数の影響を除いたうえでのブランド j のパワーを評価する指標とみることができる．とはいえ，マーケティング変数として明示的にモデル内で考慮された要因以外の効果が含まれている可能性があるという点は，先の売上数量のモデ

ルと同様であることに注意されたい．なお，シェアに関するほかのモデルとしては，mixed-effect（混合効果）モデルの枠組みでシェアモデルを構成し，ブランド・エクイティの変動を四半期単位で捉える方法を提案している研究（Sriram et al., 2007）がある．

2.3.2 非集計データを用いたブランド評価

非集計データを用いたブランド評価の1つのアプローチとして，離散選択モデルの枠組みでブランド選択行動のモデル化を行い，マーケティング変数などの影響を除いたブランド固有の効用を推定するということが行われている（例えば，Guadagni and Little, 1983; Kamakura and Russell, 1989; Chintagunta et al., 1991）．また，ブランド・エクイティを，製品属性に起因するものとそれ以外のものに分離することで，その構造的な評価を行うための手法も提案されている（Kamakura and Russell, 1993; Fader and Hardie, 1996）．ここではそれらのブランド評価手法に焦点を当て概観していくこととする．

a. ブランド固有の効用の推定

消費者 i の購買時点 t におけるブランド j に対する効用 U_{ijt} は，下式で表現されるものとする．

$$U_{ijt} = V_{ijt} + \varepsilon_{ijt} \qquad (2.9)$$

ここで，V_{ijt} は確定的効用部分であり，ε_{ijt} は誤差項である．ε_{ijt} が，独立に同一の第Ⅰ種極値分布に従うものと仮定すると，消費者 i が購買時点 t でブランド j を選択する確率 $P_{it}(j)$ は，以下のようになる．

$$P_{it}(j) = \frac{\exp(V_{ijt})}{\sum_{k=1}^{K} \exp(V_{ikt})} \qquad (2.10)$$

実際の購買データに適用する際には，V_{ijt} を具体的に定式化することになるのであるけれども，それは多くの場合以下のような線形の構造で定式化される．

$$V_{ijt} = \alpha_j + X_{ijt}\beta \qquad (2.11)$$

ここで，X_{ijt} はマーケティング・ミックス変数などのベクトルであり，β は対応するパラメータ・ベクトルである．そして α_j が，マーケティング・ミックス変数などの影響を除いたうえでのブランド j 固有の効用となる．なお，モデルの推定に際しては，識別のために任意の1つのブランドの定数項 α_j を0に制約する必要がある．

このように，確定的効用部分 V_{ijt} の定式化において，ブランド選択確率に影響するブランド（名）以外の要素の影響を明示的に考慮し，それらの影響を分離す

ることでブランド固有の効用が推定されることとなる．なお，その際には消費者の異質性への対応にも留意しなければならない[注3]．

b. ブランド・エクイティの構造的な評価

Kamakura and Russell（1993）は，(2.10)式および(2.11)式で推定されるブランド固有の効用を，さらに構造的に捉えることでブランドの評価をしようとするモデルの提案を行っている．Kamakura and Russell（1993）のモデルでは，ブランド固有の効用がブランド価値を表すものと定義される．そのうえでブランド価値が，製品属性の知覚に起因する要素（brand tangible value: BTV）と，それ以外の要素（brand intangible value: BIV）に分離される．

これを確認するために，はじめに消費者セグメント $s(=1, \cdots, S)$ の効用 U_{ij}^s を，次式のように定式化する[注4]．

$$U_{ij}^s = V_{ij}^s + \varepsilon_{ij}, \qquad V_{ij}^s = \alpha_{sj} + \beta_s p_{ij} + \tau_s a_{ij} + \varepsilon_{ij} \qquad (2.12)$$

ここで，V_{ij}^s は，セグメント s に帰属する消費者 i のブランド j に対する確定的効用であり，p_{ij} はブランド j の価格，a_{ij} は消費者 i のブランド j の広告に対する短期的接触量，ε_{ij} は誤差項である．また，α_{sj}, β_s および τ_s はパラメータであり，特に，α_{sj} はセグメント s の消費者が持つブランド j の固有の効用の程度を捉えるものと仮定されている．

このとき誤差項 ε_{ijt} が，独立に同一の第Ⅰ種極値分布に従うものと仮定すると，先の(2.10)式の場合と同様に，セグメント s に帰属する消費者 i がブランド j を選択する確率 $P_j(i \in s)$ は，以下のようになる．

$$P_j(i \in s) = \frac{\exp(V_{ij}^s)}{\sum_{j'} \exp(V_{ij'}^s)} \qquad (2.13)$$

また，全体での SKU（stock keeping unit，個々の商品）j の選択確率 P_{ij} は，

$$P_{ij} = \sum_{s=1}^{S} \pi_s P_j, \qquad i \in s \qquad (2.14)$$

となる．ここで，π_s は，消費者がセグメント s に帰属する確率を表し，$0 \leq \pi_s \leq 1$，かつ $\sum_{s=1}^{S} \pi_s = 1$ である．

このとき，ブランド j に対する消費者全体のブランド価値 BV_j は，下式のように計算される．

$$BV_j = \sum_s \pi_s \alpha_{sj} \qquad (2.15)$$

これは，ブランド j の市場全体での平均的な固有の効用とみることができる．Kamakura and Russell（1993）は，ブランド j に対する平均的な効用をこのよう

に捉えたうえで，消費者のブランド j に対する知覚が，物理的な製品属性と心理的な手掛り（例えば，広告）の主に2つに関連していると仮定し，それら2つの要素に対応させて，ブランド価値 BV_j を分離するという試みを行っている．

はじめに，Y_{sjq} が，セグメント s に帰属する消費者がブランド j の属性 $q(=1,\cdots,Q)$ に対して持つ知覚であるものとする．この属性に対する知覚は，ブランド j の物理的な属性 X_{jr} と以下のように関連しているものと仮定する．ただし，$r=1,\cdots,R$ である．

$$Y_{sjq} = \sum_r w_{srq} X_{jr} + \varepsilon_{sjq} \qquad (2.16)$$

ここで，w_{srq} は，ブランド j の R 次元の物理的属性を，Q 次元の知覚属性空間に写像するための係数であり，ε_{sjq} は心理的な手掛りに対する反応として生じる知覚の歪みを捉える誤差項である．

次に，α_{sj} が，消費者の属性の知覚 Y_{sjq} によって以下のように表現されるものとする．

$$\alpha_{sj} = \phi_{sj} + \sum_q \theta_{sq} Y_{sjq} \qquad (2.17)$$

ここで，ϕ_{sj} は消費者の属性の知覚では捉えられないブランド価値であり，θ_{sq} は各知覚属性に対する相対的な重要度である．

(2.17)式に(2.16)式を代入して整理すると，以下の式が得られる．

$$\alpha_{sj} = \phi_{sj}^* + \sum_r \delta_{sr} X_{jr} \qquad (2.18)$$

ここで，$\phi_{sj}^* = \phi_{sj} + \sum_q \theta_{sq} \varepsilon_{sjq}$ はブランド価値の中で，物理的な属性では規定されない無形価値の要素であり，$\delta_{sr} = \sum_q \theta_{sq} w_{srq}$ は物理的な属性と消費者のブランドに対する評価を関連づける係数である．そして結局のところ(2.18)式は，セグメント s に帰属する消費者にとってのブランド j の価値を，製品属性に関連した有形価値要素（$\sum_r \delta_{sr} X_{jr}$）と，ブランドの属性に対する知覚の歪みやその他のブランド連想から生じると考えられる無形価値要素（ϕ_{sj}^*）に分解していることになる．

さらに，ブランド j の市場全体における平均的な無形価値部分は，以下のようになる．

$$BIV_j = \sum_s \pi_s \phi_{sj}^* \qquad (2.19)$$

同様にして有形価値部分は，

2.3 個別ブランドの評価

$$BTV_j = \sum_s \pi_s \left[\sum_r \delta_{sr} X_{jr} \right] \qquad (2.20)$$

となり，ブランドjの市場全体における平均的なブランド価値も以下のように分解される．

$$BV_j = BIV_j + BTV_j \qquad (2.21)$$

ところで，BIV_jを推定するには，(2.12)～(2.14)式のモデルに基づき推定された$\alpha_{sj}^{(注5)}$を，(2.18)式に従い分解する必要がある．そのためには，はじめに考慮すべき適切な物理的属性を決定し，その測定値を得なければならない．そのうえで，(2.18)式を以下のように再定式化する．

$$\alpha_{sj} = \phi_j^* + \sum_r \delta_{sr} X_{jr} + z_{sj} \qquad (2.22)$$

ここで，ϕ_j^*は市場全体でのブランドの無形価値要素であり，z_{sj}は誤差項である．$\sum_j \phi_j^* = 0$ および $\sum_j \phi_j^* X_{jr} = 0$ という制約のもとで，π_sを重みとする重み付き最小二乗法により無形価値部分のϕ_j^*が推定される．

ところで，Kamakura and Russell（1993）の研究とは異なる観点からブランド固有の定数項を構造的に捉えるためのモデルの提案を行っている研究として，Fader and Hardie（1996）の研究がある．Fader and Hardie（1996）は，消費者がブランドを選択する際の購買意思決定の単位に焦点を当て，それを考慮したブランド選択モデルの提案を行っている．もう少し具体的にいうと，それまでのブランド選択モデルの多くが，分析単位をSKUではなく，文字どおりのブランドとしてきたのに対して，Fader and Hardie（1996）は，消費者が選択する最終的な単位がSKUであることに注目し，SKUの購買意思決定の観点から選択モデルの構築を試みるというアプローチをとっている．

これまでに提案されてきているブランド選択モデルの多くが，ブランド固有の効用を，確定的効用部分にブランド固有の定数項（ブランド・ダミー変数）を設定することで捉えようと試みているということについては，先にみてきたとおりである．これは，消費者が，分析対象としているすべてのSKUに対する選好を形成し保持していると暗に仮定していることに等しい．けれども例えば消費財であれば，1つの商品カテゴリー内で100を超えるSKUが陳列され販売されているということも稀なことではない．そのような多数のSKUの中から購入するSKUを選択するという状況を考えると，消費者が，それほど多数のSKUのすべてに対して明確な選好を形成し保持していると仮定するのは，いささか不自然であるようにみえる．それゆえFader and Hardie（1996）は，消費者の選好が，ブラン

ド名を含む複数の製品属性のレベルで形成されていると仮定する立場に立っている．そのうえで，ブランド選択モデルにおける確定的効用のSKU固有の選好部分を，SKU固有の定数項としてではなく，個々のSKUの特徴を記述する製品属性の組合せとして定式化する方法を提案している(注6)．

Fader and Hardie (1996) のモデルにおける消費者 i のSKU j に対する選好 V_{ij}^{pref} は，以下のように定式化される．

$$V_{ij}^{pref} = \sum_{n=1}^{N} m_{ijn} \alpha_n \quad (2.23)$$

ここで，m_{ijn} は各属性水準に対応したベクトル(注7)であり，消費者 i が選択したSKU j の属性 n が当該水準に該当する場合に1をとる．α_n は，各属性水準に対する消費者の選好を表すパラメータ・ベクトルである．

さらにFader and Hardie (1996) は，潜在クラスモデルの枠組みと，それぞれの属性に対する固有のロイヤルティ変数の導入によって，次式のように消費者の異質性の考慮を行っている．

$$\alpha_n^s = [\alpha_{0n}^s + \alpha_{1n}^s ATTLOY_n] \quad (2.24)$$

ここで，α_{0n}^s (注8)は，消費者セグメントごとの各属性水準に対する選好のパラメータベクトルである．また，$ATTLOY_{jn}$ は，Guadagni and Little (1983) 流の各属性に対するロイヤルティ変数ベクトルである(注9)．

(2.24)式に加えてマーケティング・ミックス変数の要素を考慮し，消費者 i がセグメント s に帰属するというもとでのSKU j に対する確定的効用 V_{ij}^s は以下のように定式化される．

$$V_{ij}^s = \sum_{n=1}^{N} m_{ijn}[\alpha_{0n}^s + \alpha_{1n}^s ATTLOY_n] + \beta^s X_{ij} \quad (2.25)$$

ここで，X_{ij} はSKU j についてのマーケティング・ミックス変数のベクトルであり，β^s はパラメータベクトルである．なお，このとき，セグメント s に帰属する消費者 i が，SKU j を選択する確率 $P_j(i \in s)$ は，Kamakura and Russell (1993) のモデルの(2.13)式のようになる．

2.4 ブランド間の競争市場構造の把握

本節では，ブランド間の競争関係に基づいて，市場におけるブランドの位置づけを捉えるための競争市場構造分析の手法について概観する．

井上 (2001, p.170) は，ブランド間の競争構造を捉えるためのアウトプットと

して「代替性」「スイッチング」「競争空間」を取り上げ，競争市場構造分析の手法をそれらに対応させて，まずは3つに大別している．そのうえでデータの種別（集計・非集計），適用されるモデルの構造（潜在クラス・モデル・ベースや対数線形モデル・ベースなど），競争構造が表現される空間のタイプ（ユークリッド空間と非ユークリッド空間）といった観点から，さらに細分化を行っている．このように競争市場構造分析のために提案されている手法には多種多様なものがある．それらの広範囲で優れたレビューが井上（2001）によって提供されているので，包括的な議論についてはそちらを参照いただくこととして，ここでは，集計データを用いた競争市場構造分析の手法と非集計データを用いた競争市場構造分析の手法に焦点を当て，主なものを簡単に確認していくこととする．

2.4.1 集計データを用いた競争市場構造の把握

集計データを用いてブランド間の競争市場構造を捉えようとするための手法には，売上あるいは市場シェアに基づく手法やスイッチング行列に基づく手法がある．それらの手法では，ブランド間の競争の程度を捉えるための1つのアプローチとして，交差弾力性を推定するということが行われる．交差弾力性は，あるブランドの価格や広告投入量などのマーケティング変数の変化が，ほかのブランドの売上やシェアに及ぼす影響を捉える指標である（Carpenter et al., 1988; Cooper and Nakanishi, 1988）．推定された交差弾力性行列の要素を解釈することによって，ブランド間の競争構造に関する示唆を得ることが可能となる．とはいえ分析の対象とするブランドの数が多くなると，その解釈は煩雑なものとなりやすい．そこで多変量解析手法などの分析手法で情報の縮約を図り，少数次元の空間的な表現が試みられるという場合もある．例えばCooper（1988）は，交差弾力性行列に三層因子分析を適用し，ブランド間の競争構造を空間的に表現する手法を提案している．なお，分析対象のブランド数に応じて交差弾力性行列のサイズが大きくなり，その推定値が不安定になる可能性もあるということにも注意しておかなければならない．そのような場合には，例えばMontgomery and Rossi（1999）の提案する手法によって交差弾力性行列を推定するという対処が考えられる．

市場シェアに基づきブランド間の競争構造を把握するための手法を提案しているほかの研究としては，例えばZenor and Srivastava（1993）の研究がある[注10]．Zenor and Srivastava（1993）は，潜在クラスモデルの枠組みに基づき，集計された売上や市場シェアなどの時系列データに適用し，ブランド間の競争構造を明らかにするための次のようなモデルの提案を行っている．はじめに，時点tにお

けるブランド j の市場シェア M_{jt} を以下のように定式化する.

$$M_{jt} = \sum_{s=1}^{S} \pi_s M_{jst}, \quad 0 \leq \pi_s \leq 1, \ \sum_{s=1}^{S} \pi_s = 1 \quad (2.26)$$

ここで，M_{jst} は，顧客セグメント $s (=1, \cdots, S)$ の時点 t におけるブランド j のシェアであり，π_s は顧客セグメント s の相対的なサイズである．さらに，M_{jst} を以下のように定式化する．

$$M_{jst} = \frac{\exp(\alpha_{ojs} + \alpha_{vs} X_{jvt})}{\sum_{j'} \exp(\alpha_{oj's} + \alpha_{vs} X_{j'vt})} \quad (2.27)$$

ここで，X_{jvt} は時点 t におけるブランド j のマーケティング変数 v を示している．また，α_{ojs} は顧客セグメント s におけるブランド j の相対的なパワーを表すパラメータであり，α_{vs} はセグメント s の顧客のマーケティング変数 v に対する反応の程度を捉えるパラメータである．なお，Zenor and Srivastava（1993）のモデルは，Kamakura and Russell（1989）のモデルと同様の構造であるけれども，後者が非集計レベル（個人レベル）のブランド選択確率をモデル化しているのに対して，前者は集計レベルのデータに対するモデル化であるという点で異なっているということに注意されたい．

次に，スイッチング行列に基づきブランド間の競争構造を捉えるための手法を確認する．そのような手法としては，例えば Grover and Srinivasan（1987）の手法や Novak（1993）の手法がある．Grover and Srinivasan（1987）の手法は，スイッチング行列に以下のような潜在クラスモデルを適用するというものである．

$$S_{ij} = \sum_{h=1}^{n+m} \pi_h q_{ih} q_{jh} \quad (2.28)$$

ここで，S_{ij} は，ある購買機会にブランド i を選択し，次の購買機会にブランド j を選択する消費者の比率であり，π_h はセグメント h の相対的なサイズ，q_{ih} はセグメント h に帰属する消費者がブランド i を選択する条件付き確率であるものとする．また，消費者セグメントについては，特定のブランドのみを繰り返し選択するブランド・ロイヤルなセグメントが n 個と，いくつかのブランド間でスイッチを行うセグメントが m 個あるものと仮定される．ただし，$\pi_h \geq 0$, $\sum_{h=1}^{n+m} \pi_h = 1$, $q_{ih} \geq 0$, $\sum_{h=1}^{n} q_{ih} = 1$ である．

Grover and Srinivasan（1987）の手法をスイッチング行列に適用し，推定された各消費者セグメントのサイズ π_h とブランド選択の条件付き確率 q_{ih} を解釈することによって，ブランド間の競争の構造に関する示唆を得ることが可能となる．

スイッチング行列に基づきブランド間の競争構造を捉えるためのもう1つの手

法である Novak（1993）の手法では，ブランド間のスイッチング行列の各要素に対して，対数線形モデルに基づくモデル化が行われる．そのうえで推定された交互作用効果に基づきブランド間の関連性が評価され，ノードがブランドを表し，辺がブランド間の距離を表すグラフによってそれらの関係が表現される．

2.4.2 非集計データを用いた競争市場構造の把握

非集計データを用いた競争市場構造分析手法には，例えば，Elrod（1988），片平（1991），Chintagunta（1994），Russell and Kamakura（1994），Elrod and Keane（1995）など多数の方法が提案されている．それらの中からここでは，古典的なモデルである Elrod（1988）のモデルと，それを拡張した Chintagunta（1994）のモデルを取り上げ，それらの特徴を簡単に確認していくこととする．

Elrod（1988）の Choice Map は，分析対象ブランド群の購買頻度ベクトル $y = [y_1, \cdots, y_j, \cdots, y_J]$ に適用するモデルとして提案されているものである．ここで，y_j は，観測期間中にブランド j が選択（購買）された回数である．Choice Map では，購買頻度ベクトル y が一連の連続する購買から生じ，それらの各購買機会では1つのブランドのみが選択されるものと仮定される．また，任意の購買機会においてブランド j が選択される確率 p_j は，以下のように通常の多項ロジット・モデルの形で定式化される．

$$p_j = \frac{\exp(v_j)}{\sum_{j'=1}^{J} \exp(v_{j'})}, \quad j = 1, \cdots, J \quad (2.29)$$

ここで，v_j は，間接効用の確定的効用部分であり，ブランド j に関する消費者の平均的な選好を表している．

ところで Choice Map では，各ブランドに対する消費者の選好（$v = [v_1, \cdots, v_J]'$ と表記）が，ブランドの持つ複数の属性の線形関数で構成されるものと仮定される．さらに，各ブランドは，それらの属性に基づく M 次元のマップ上に位置づけられるものと仮定される．このとき対象ブランドの集合に対する選好ベクトルは次のように表現される．

$$v_j = a_j w \quad (2.30)$$

ここで，a_j は M 次元マップにおけるブランド j の位置を表すベクトルであり，w はそれらの各次元に対する重要度のベクトルである．このとき，購買頻度ベクトル y が観測される確率は，以下のように表現される．

$$\Pr[y, w, A, T] = \frac{T!}{\prod_{j'=1}^{J} y_{j'}!} \prod_{j'=1}^{J} \left[\frac{\exp(a_j w)}{\sum_{j'=1}^{J} \exp(a_{j'} w)} \right]^{y_j} \quad (2.31)$$

ここで，$A = (a_j)$ は M 次元マップにおける J 個のブランドの位置の $(J \times M)$ 行列であり，w はそれらの各次元に対する重要度の $(M \times 1)$ ベクトルである．なお，(2.30)式では A と w の両方ともが未知であるので，w に一定の制約が課されたもとで A の推定が行われる．そのうえで A の推定値に基づき，各ブランドがマップ上に布置され，ブランド間の競争構造が視覚的に捉えられることとなる．

ところで，Elrod（1988）の Choice Map では，価格やプロモーションなどのマーケティング変数の影響が，明示的に考慮されてはいない．これに対してマーケティング変数の影響を考慮したモデルを提案している研究に，Chintagunta（1994）の研究がある．Elrod（1988）の(2.30)式に対して，Chintagunta（1994）は，ブランド i に対する確定的効用部分を以下のように定式化している．

$$v_j = a_j w + X_{jt} \beta \qquad (2.32)$$

ここで，X_{jt} は時点 t におけるブランド j についてのマーケティング変数のベクトルであり，β はマーケティングの影響の程度を表すパラメータ・ベクトルである．

なお，Elrod（1988）の Choice Map が対象ブランドの購買頻度ベクトルに対するモデルとなっているのに対して，Chintagunta（1994）のモデルは，各購買時点におけるブランド選択のモデルとなっていることに留意されたい．それゆえ Chintagunta（1994）のモデルは，各ブランドの購買頻度ベクトルではなく，世帯ごとの購買履歴データに適用されることとなる．

2.5　まとめ

ブランド評価に利用される調査データと購買データには，それぞれ得意とする領域がある．ブランド評価を行う場合，その目的と考慮すべき前提によって，調査データと購買データを組み合わせたり，使い分けたりする工夫が必要である．また，消費者のブランドに対する態度と実際のブランド選択行動が必ずしも一致しないかもしれない，という点にも目を向けておかなければならない．このため調査データに基づくブランド評価のみではなく，実際の購買データに基づくブランド評価も必要とされており，それに応じて多様な手法が提案されてきている．

本章では，購買データを利用したブランド評価のための手法を，集計データを用いたブランド評価手法，非集計データを用いたブランド評価手法，集計データを用いた競争市場構造の把握のための手法，非集計データを用いた競争市場構造の把握のための手法の4つの観点から類型化し概観してきた．ブランド評価を行ううえでは，市場全体のパフォーマンスを確認しつつ，消費者間の異質性にも目

を向けるべきことを考慮すれば，これらの4つの類型におけるいずれかの手法1つのみを利用するというよりも，むしろ異なる観点で複数の手法を購買データに適用し，ブランドに関する多面的な評価を導きだすことが望ましいであろう．

また，調査データを利用したブランド評価の手法が，ブランド・エクイティやその源泉を構造的に捉えていくことに優れているのに対して，購買データを利用したブランド評価の手法は，自社および競合のマーケティング活動の影響を考慮しつつ，実際のブランド選択行動におけるブランド間の相対的な関係を捉えていくところに利点がある．それゆえ，いずれか一方に頼るのではなく，双方のデータならびに手法を活用しながら，複数の視点からブランド評価を行っていくことがブランド・マネジメントの方向づけをするうえでより役立つものとなると期待される．そのような観点から，購買データと調査データのような異なるタイプのデータを組み合わせた分析手法の研究（Swait and Andrews, 2003）も行われているということを最後に付記しておきたい．

■注

(1) POSデータからプロモーション効果や季節性などを分離して，製品のベースライン売上を推定する手法には，このほかにも例えばAbraham and Lodish（1987）のPromoterがある．
(2) このモデルはMCMC法により推定される．その際の事前分布の設定などに関しては，中山ら（2006）およびMontgomery（1997）を参照されたい．
(3) 消費者の異質性の考慮については，例えば，Guadagni and Little（1983），Kamakura and Russell（1989），Chintagunta et al.（1991）を参照されたい．
(4) Kamakura and Russell（1993）は，消費者の異質性を考慮するために，潜在クラスの枠組みでブランド選択モデル（潜在クラス・ロジット・モデル）を構築している．
(5) α_{sj}の推定手続きについては，Kamakura and Russell（1989）を参照されたい．
(6) Fader and Hardie（1996）は，消費者の選好を製品属性の組合せによって捉えることで，ブランド固有の定数項を導入するよりも少ない変数でのモデル化が可能になるとともに，シェアのきわめて低いSKUも分析に含めることが可能になり，また発売前の新製品の分析にも利用可能であるといったメリットがあるということも指摘している．
(7) この研究では，ブランド名を属性として捉えているので，ベクトル$\boldsymbol{m}_{in}$にブランド名に対応した要素も含まれることに注意されたい．
(8) 識別のために，各属性に任意の1つの水準に対応するパラメータは0に制約される．
(9) $ATTLOY_n$のk番目の要素を$attloy_{kn}$とすると，$attloy_{kn}(t+1) = \lambda_n attloy_{kn}(t) + (1-\lambda_n)\sum_k \delta_{jt}$と規定される．ここで，$\delta_{jt}$は購買時点$t$においてSKU$_j$が購入された場合に1となるダミー変数，$\sum_k$は属性$n$の水準$k$を持つSKUの数である．
(10) (2.8)式のMCIモデル（Cooper and Nakanishi, 1988）も市場シェアに対するモデルであり，ブランドの相対的なパワーを推定しているという点では，Zenor and Srivastava

(1993)が潜在クラスモデルの枠組みをベースとしている点を除けば，本質的に共通性の高いブランド評価手法とみることもできる．

3. 調査データを利用したブランド評価

> - 調査データを用いたブランド評価の手法は，特定の製品カテゴリー内に閉じた評価を行うタイプのものと，製品カテゴリー横断的な視点で評価を行うものの2つに大別される．本章では主に前者について考察する．
> - 特定の製品カテゴリー内に閉じた評価を行うタイプのブランド評価の手法には，主にブランド力の総合的な評価を行うもの，ブランド・エクイティの源泉の評価を行うもの，ブランド間の競争状況の評価を行うものがある．

3.1 はじめに

ブランドを構築し長期的に育成していくことでファンを増やし，高い競争力を身につけ，その結果として企業収益を高めていくことは，多くの企業にとって強い関心事であろう．とはいえ，製品カテゴリー市場の成熟化を背景として，ブランド間競争が激化し，消費者の意識や行動が多様化している状況にあっては，それは必ずしも容易なことではない．

ブランド・マネジャーは，競合ブランドとしのぎを削っている自社ブランドの折々の状況を把握し，課題があればそれへの対策を講じることが必要になる．そのためには，ある程度集約された市場レベルから，個々の消費者がブランドに対して抱く知覚のレベルまで，実に多様なレベルでのブランド評価が必要になる[注1]．

本章では，主に消費者のブランドに対する態度や意識などを調査したデータを利用して，当該ブランドの評価・診断を行うために提案されている手法に焦点を当て，その概要をみていくこととする．

3.2 調査データを用いたさまざまなブランド評価の手法

調査データを用いたブランド評価の手法と一口に言っても，そこにはさまざま

なものが含まれている．そのような多様なブランド評価手法の整理を行っていくために，ひとまずこれまでの研究で想定されてきた主な評価の視点に注目してみることとしよう．

　Keller（1993）は，調査に基づくブランド評価手法についての広範な整理を提供している．それによると，消費者ベースのブランド・エクイティを測定するためのアプローチには，直接的アプローチと間接的アプローチがある．ここで直接的アプローチとは，さまざまなマーケティング施策に対する消費者の反応に，ブランド知識が及ぼす影響を総合的に捉えることで，ブランド・エクイティを評価しようとするアプローチである．一方，間接的アプローチとは，消費者ベース・ブランド・エクイティの潜在的な源泉を捉えることで，その形成メカニズムや構成要素を評価しようとするアプローチである．このような整理に基づけば，その評価の主眼は，特定ブランドのブランド力の総合的な評価，もしくはブランド・エクイティの源泉の評価に置かれていることがわかる．

　上記のような特定のブランドに焦点を当てた研究に対して，複数ブランド間の競争状況の分析を行うための手法を提案している研究もある．例えば，Bucklin and Srinivasan（1991）は，調査データに基づいてブランド間の交差価格弾力性を推定し，そこからブランド間の代替性を評価するための手法を提案している．

　さらに別のアプローチでブランド評価手法の提案を行っている研究には，例えば Rangaswamy et al.（1993）や Park and Srinivasan（1994）などの研究がある．これらの研究では，製品カテゴリーを超えたブランド拡張のための評価にその主眼がおかれ，理論的枠組みと手法の提案が行われている．

　いささか簡単ではあるけれども以上のような整理に基づけば，調査データを用いたブランド評価の手法は，特定の製品カテゴリー内に閉じた評価を主眼としているのか，あるいは製品カテゴリー横断的な視点での評価を考えるのかという観点から，大きく2つに分けることができる．さらに前者は，(1) ブランド力の総合的な評価，(2) ブランド・エクイティの源泉などの評価，(3) ブランド間の競争状況の評価という3つに細分化することができる．また，後者の製品カテゴリー横断的な評価については，ブランドの拡張性に関連する評価のための手法を位置づけることができる．これらの整理を概念図としてまとめたものが図3.1である．

　本章の以降の節では，図3.1に示されている整理の枠組みの中から，特定の製品カテゴリー内に閉じた評価手法の部分を中心にその概要をみていくこととする．

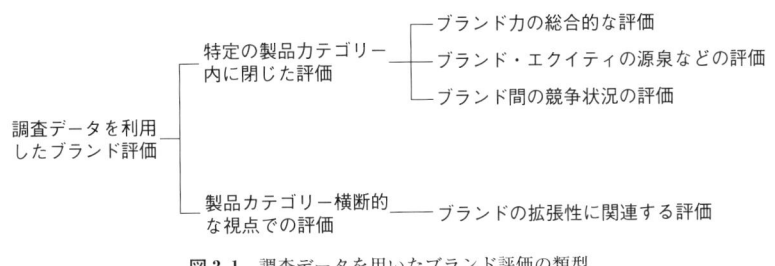

図 3.1 調査データを用いたブランド評価の類型

3.3 ブランド力の総合的な評価

ブランド力の総合的な評価手法の例として，ここでは Srinivasan（1979）の研究を取り上げる．もし(3.1)式のような多属性態度モデルによってブランドの市場シェアが近似できるとすれば，製品属性が類似しているブランドである限りは，それらのブランドは同程度のシェアとなるはずである．ところが実際には，そのようなブランド同士であったとしても，同程度とは言いがたいほどに乖離したシェアとなっている状況が観測されることがある．そのような現象に注目したのが，Srinivasan（1979）である．

$$b_{ij} \approx \sum_{k=1}^{K} w_{ik} y_{jk} \tag{3.1}$$

ここで，b_{ij} は，消費者 $i(=1, \cdots, N)$ のブランド $j(=1, \cdots, J)$ に対する製品属性ベースの選好の度合いであり，y_{jk} はブランド j の $k(=1, \cdots, K)$ 番目の属性の値である．また，w_{ik} は，消費者 i の属性 k に対する重要度の重みである．

Srinivasan（1979）によれば，先のような現象は，主に次の4つの要因によって生じ得ると考えられる．1つ目は，重要な製品属性のすべてを(3.1)式では考慮できていないという点である．2つ目は，製品属性以外のマーケティング変数の水準が，ブランド間で異なっている可能性があるという点である．3つ目は，競合ブランドとの間の差異が，(3.1)式の製品属性では考慮できないイメージの次元で特徴づけられている可能性があるという点である．最後に4つ目は，ブランドの市場導入時期の差異が，ブランドの選好レベルに影響を及ぼしている可能性があるという点である．

Srinivasan（1979）は，ブランド固有の効果 v_j を導入することによって，考慮した製品属性以外の要因によるブランド間の差異を吸収し，上記の課題に対処す

3. 調査データを利用したブランド評価

るためのモデルの提案を行っている[注2]．

$$b'_{ij} = b_{ij} + v_j \tag{3.2}$$

ここで b'_{ij} は，消費者 i のブランド j に対する製品属性ベースの選好を含む総合的な選好度である．

(3.2)式でブランド固有の効果 v_j を推定するためには，はじめに製品属性ベースの選好度 b_{ij} を求めておく必要がある．その後，過去の購買経験などに基づく消費者 i の選択ブランド c_i が与えられたもとで，最終的にブランド固有の効果 v_j が推定される．以下，製品属性ベースの選好度 b_{ij} と，ブランド固有の効果 v_j の推定の流れを簡単に確認する．

最初のステップは，製品属性ベースの選好度 b_{ij} を求めることである．そのためにあらかじめ規定された K 個の属性（$y_{j1}, \cdots, y_{jK}$）に基づく，仮想的な製品プロファイルが，N 人の消費者に対して提示される．これを受けて各々の消費者は，提示された各製品プロファイルに対する選好順序を回答する．このようにして得られた選好順序に最も適合するようにウェイト w_{ik} が推定され，その結果として b_{ij} の推定値が求められる．なお，仮想の製品プロファイルに基づき選好順序を測定する主な理由は，2つある．1つは，ブランド固有の効果の影響を受けないウェイトを推定するためである．そしてもう1つは，パラメータ推定のために必要な数の製品プロファイルを提供できるからである．ただし，製品プロファイルの記述が，現実的なものでありかつ容易に区別できるようなものでなければならないという点に配慮することも忘れてはならない[注3]．

続いて，消費者 i の選択ブランド c_i が与えられたもとで，ブランド固有の効果 v_j が推定されることとなるのであるけれども，そのおおよその流れは次のとおりである．

はじめに，消費者 i の各ブランドに対する総合的選好の中で最大のものを，

$$s_i = \max_{j=1,\cdots,J} (b'_{ij}) \tag{3.3}$$

とする．このとき，s_i と実際に選択されたブランド c_i の総合的選好度 b'_{ic_i} との間の差異を，消費者 i についてのモデルの"適合の悪さ"の度合いとする．分析の対象としているすべてのサンプルについて，この差異の値の合計を求めることで，モデルの全体的な適合度の悪さを示す以下の指標が得られる[注4]．

$$B = \sum_{i=1}^{N} (s_i - b'_{ic_i}) \text{[注5]} \tag{3.4}$$

ところで，ブランド固有の効果 v_j の推定値は，(3.2)式の総合的選好度と実際に

選択されたブランド c_i との整合性を考慮して，消費者 $i(=1,\cdots,N)$ ごとに，以下の(3.5)式の不等式制約をできるだけ満たすように推定されなければならない．

$$b'_{ic_i} \geq b'_{il} \tag{3.5}$$

ただし，$l(=1,\cdots,J)$ はブランドを示す添え字であり，$l \neq c_i$ である．

なお，これらは一定の制約のもとで(3.4)式を最小化するように v_j を求めるという最適化問題であり，次のように定式化される．

$$\text{最小化} \quad \sum_{i=1}^{N}(s_i - b_{ic_i} - v_{c_i}) \tag{3.6}$$

$$\text{条件} \quad s_i \geq b_{ij} + v_j \tag{3.7}$$

次に，$u_i = -s_i$ とすると，(3.6)式と(3.7)式は，

$$\text{最小化} \quad \left(-\sum_{i=1}^{N} u_i - \sum_{i=1}^{N} b_{ic_i} - \sum_{i=1}^{N} v_{c_i}\right) \tag{3.8}$$

$$\text{条件} \quad u_i + v_j \leq -b_{ij} \tag{3.9}$$

となる．ここで(3.8)式の2番目の項は定数であるので除いても最適化の計算には影響しない．また，ブランド j を選択した消費者の人数を R_j とすると，$c_1, c_2, \cdots, c_N$ は N 人の消費者によって選択されたブランドであるから，最後の項 $\sum_{i=1}^{N} v_{c_i} = (v_{c_1} + v_{c_2} + \cdots + v_{c_N})$ の中では，v_j の項が R_j 回繰り返されることになる．ただし，$\sum_{j=1}^{J} R_j = N$ である．この結果，(3.8)式の最後の項は，$-\sum_{j=1}^{J} R_j v_j$ となるので，結局のところ(3.8)式は，

$$\text{最大化} \quad \sum_{i=1}^{N} u_i + \sum_{j=1}^{J} R_j v_j \tag{3.10}$$

と書き換えられる．

ところで，目的関数である(3.10)式と制約条件の(3.9)式で構成される最適化問題は，標準的な輸送問題の双対問題と捉えることができる[注6]．そこでこの双対問題に対応した変数を x_{ij} として，主問題を以下のように構成する．

$$\text{最小化} \quad \sum_{i=1}^{N} \sum_{j=1}^{J} (-b_{ij}) x_{ij} \tag{3.11}$$

$$\text{条件} \quad \sum_{j=1}^{J} x_{ij} = 1 \tag{3.12}$$

$$\sum_{i=1}^{N} x_{ij} = R_j \tag{3.13}$$

$$x_{ij} \geq 0 \tag{3.14}$$

この主問題の最適化に応じて求められる双対問題の解 v_j^* について，$\sum_{j=1}^{J} v_j^* = 0$ と

正規化することで，最終的にブランド固有の効果 v_j の推定値が求められる．

なお，Srinivasan（1979）は，多項ロジット・モデルとこの手法の比較も行っている．それによると，多項ロジット・モデルは，パラメータについて統計的検定が可能であるという点で有用であるものの，市場シェアの予測精度の観点からみると，提案手法のパフォーマンスの方が良いと報告している．

これまでみてきたように，Srinivasan（1979）の提案する手法の本質は，従来の多属性態度モデルに基づく市場シェア予測の精度をさらに高めるための改良として，ブランド固有の効果の導入を提案している点にある．Srinivasan（1979）の研究によって，ブランド力の総合的な評価に関する精緻な手法が提示されたことの貢献は，決して小さいとは言えないものである．けれども Srinivasan（1979）の手法では，ブランド固有の効果が生じるメカニズムにまで踏み込んで議論をすることができないという点で限界がある．それゆえ次節では，ブランド固有の効果の源泉を評価するための手法に目を向け検討していくこととする．

3.4 ブランド・エクイティの源泉などの評価

ブランド管理を行ううえでは，ブランド固有の効果がいかにして生じ得るのか，そのメカニズムを理解することが重要な課題の1つになる．このような問題意識に対して，Erdem and Swait（2010）が整理しているように，何らかの構造を仮定したモデルを用いて，ブランド・エクイティを複数の構成要素に分解し，評価しようとするアプローチが提案されてきている．Erdem and Swait（2010）は，ブランド・エクイティの測定に焦点を当て，調査データに基づく手法のみではなく，購買データに基づく手法までも含めて整理を行っているので，ブランド・エクイティの源泉を捉えるためのアプローチをより広く知るという点で参考になる．

例えば，そこで紹介されている研究の1つに，Swait *et al.*（1993）の研究がある．Swait *et al.*（1993）は，ブランド名がどの程度の価値を持つかを評価する指標として，消費者の留保価格に注目し，ランダム効用に基づく選択モデルの枠組みで，当該ブランドのパワーの測定とその源泉を評価するための分解的なアプローチを提案している．また，Rangaswamy *et al.*（1993）は，選択モデルにおける効用を，ブランドに起因する要素，製品属性に起因する要素，ブランドと製品属性の交互作用に起因する要素に分解する手法を提案している．そのうえで Rangaswamy *et al.*（1993）は，この交互作用の効果が大きい場合は，そうでない場合よりも，当該ブランド（名）を異なる製品カテゴリーに拡張することが困難

3.4 ブランド・エクイティの源泉などの評価

```
ブランド選択確率の推定 ─→ 事前分析 ─── ブランドの総合的選好の分解
                              └── プル・ベース入手可能性の推定
                 ─→ ブランド・エクイティ評価 ─── ベース・ブランド選択確率の推定
                              ├── 個人レベルのブランド・エクイティの推定
                              └── 集計レベルのブランド・エクイティの推定
                 ─→ ブランド・エクイティの源泉評価 ─── ブランド認知の増分による影響評価
                              ├── 属性ベース選好の増分による影響評価
                              └── 非属性ベース選好の増分による影響評価
```

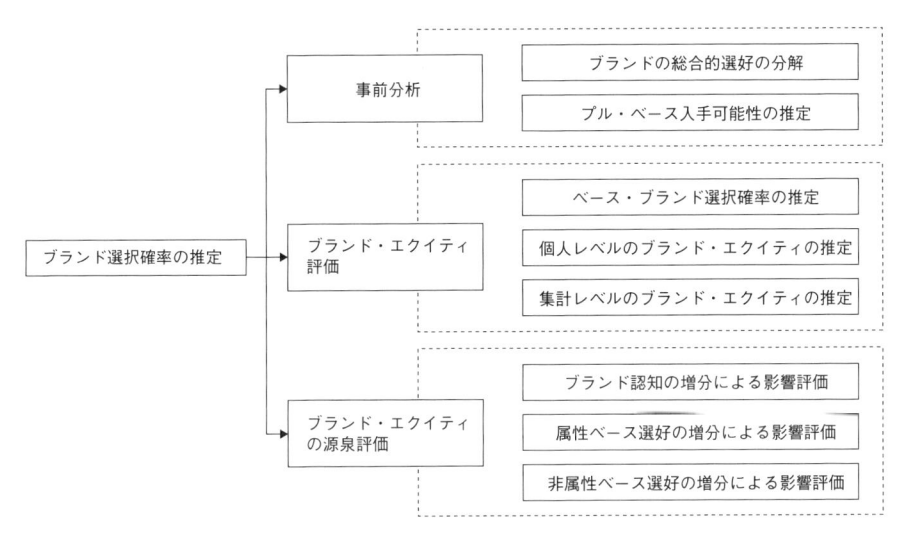

図 3.2 Srinivasan *et al.*(2005)の手法に基づくブランド評価の流れ

になるという示唆を提示している．また，Park and Srinivasan（1994）は，Swait *et al.*（1993）と同様に，ブランド・エクイティの源泉を，分解的アプローチによって捉えようとする手法の提案を行っている．さらに，これを拡張したものとして Srinivasan *et al.*（2005）の手法が提案されている．

以上のようにブランド・エクイティの源泉を評価するための手法として提案されているものに共通する1つの特徴は，ブランドのパワーを評価することに加えて，何らかの分解的なアプローチを行っているところにみられる．ここでは，分解的なアプローチについての理解をより深めるために，比較的新しい Srinivasan *et al.*（2005）の手法を例として取り上げ，以下詳しくみていくこととする．

Srinivasan *et al.*（2005）の手法では，図 3.2 に示される流れに従ってブランド評価が行われる．以下，ブランド選択確率の推定，事前分析，ブランド・エクイティ評価，ブランド・エクイティの源泉評価の順にその概要を確認する．

3.4.1 ブランド選択確率の推定

Srinivasan *et al.*（2005）は，個人 i がブランド j を選択する確率 p_{ij} を，当該ブランドに対する個人の選好の程度と当該ブランドの市場における入手可能性に基づいて，次のように定式化している．

$$p_{ij} = \begin{cases} \dfrac{(A_j/100)^\gamma \exp(\alpha u_{ij})}{\sum_{k \in C_i}(A_k/100)^\gamma \exp(\alpha u_{ik})}, & j \in C_i \\ 0, & j \notin C_i \end{cases} \quad (3.15)$$

ここで，C_i は個人 i が認知したブランドの集合，u_{ij} は個人 i のブランド j に対する総合的な選好の程度，A_j はブランド j に対する入手可能性[注7]の程度（0～100の範囲で設定）[注8]である．また，u_{ij} は，C_i に含まれるすべてのブランドについての総和が一定（ここでは100）となるように，各ブランドに対する選好度の点数を割り振ることで決定される[注9]．なお，(3.15)式の αu_{ij} の部分については，プロモーションの強さを考慮した変数 f_{ij} を導入し，$\alpha u_{ij} + \beta f_{ij}$ のように拡張することも可能である．

(3.15)式のパラメータ α と γ は，次の尤度関数を最大化することで推定される．

$$L = \prod_{i=1}^{N} \prod_{j \in C_i} p_{ij}^{\delta_{ij}} \quad (3.16)$$

ここで，δ_{ij} は，耐久財の場合（購入有無のみを考慮する場合）には，個人 i がブランド j を購入しているときに1，その他は0となる．一方，非耐久財の場合には，分析対象期間中に個人 i がブランド j を購入した回数が δ_{ij} にセットされる．

3.4.2 事前分析

ブランド・エクイティやその源泉の評価で必要となる指標をあらかじめ求めておくためには，2つの事前分析を行う必要がある．1つは，評価対象ブランドの総合的な選好を，属性ベースの選好と非属性ベースの選好に分解することである．もう1つは，当該ブランドの入手可能性を，プッシュ・ベースとプル・ベースに分けて求めることである．

a. ブランドの総合的選好の分解

個人 i のブランド j に対する総合的な選好 u_{ij} は，製品属性に起因して形成される属性ベースの選好と，それ以外の要因によって形成される非属性ベースの選好に基づいて構成されているものと仮定する．このとき，個人 i のブランド j についての非属性ベースの選好 n_{ij} は，総合的な選好 u_{ij} から，属性ベースの選好 w_{ij} を除くことによって求められる．

総合的な選好 u_{ij} は，調査によって消費者から得られるので，さしあたって属性ベースの選好を求める必要がある．属性ベースの選好は，当該ブランドに対する消費者の主観的属性評価の結果に基づいて求められる．ここで，個人 i がブランド j の製品属性 k に対して知覚している水準を s_{ijk} とする．このとき，その主観的

属性評価に基づく属性ベースの選好 $m(s)_{ij}$ が，以下のように規定されるものと考える[注10]．

$$m(s)_{ij} = \sum_{k=1}^{K} f_{ik} s_{ijk} \qquad (3.17)$$

ここで，f_{ik} は個人 i の属性 k に対する重みであり，コンジョイント分析で推定するか，あるいは調査で直接回答を得るという方法で測定される[注11]．また，属性に対する知覚 s_{ijk} は，調査対象の個人 i が，ブランド j の属性 k に対して知覚している水準を，0～10 の範囲で付与してもらうことによって測定される．そのうえで u_{ij} と同様に，個人 i についての総和が 100 となるように $m(s)_{ij}$ が再尺度化[注12]され，最終的な属性ベースの選好 w_{ij} が求められる．

これらの結果に基づいて，個人 i のブランド j に対する非属性ベースの選好 n_{ij} は下式で求められる．

$$n_{ij} = u_{ij} - w_{ij} \qquad (3.18)$$

b. プル・ベース入手可能性の推定

(3.15)式に示されるように，Srinivasan et al. (2005) は，ブランドの選択確率を規定する要因の1つとして当該ブランドの入手可能性 A_j という要素を考慮している．さらに，全体的な入手可能性 A_j を，プッシュ・ベースの入手可能性 P_j とプル・ベースの入手可能性 V_j という要素に切り分けて捉え，後のブランド・エクイティの源泉評価に利用するという方法を提案している．

ここで，プッシュ・ベースの入手可能性とは，メーカーの営業力によって規定される入手可能性と考えられている．Srinivasan et al. (2005) の研究では，業界の複数の専門家に対する調査で得られた評価の平均値が用いられている．一方，プル・ベースの入手可能性は，企業のマーケティング活動に応じてブランド認知とブランド選好が変化することで，それに伴って増加するものと期待されている要素である．つまりここでは，ブランド認知とブランド選好の変化が，プル・ベースのブランド入手可能性を経由して，間接的にブランド選択確率に影響を及ぼすというメカニズムが想定されていることになる．

先に述べたように，全体的な入手可能性 A_j とプッシュ・ベースの入手可能性 P_j は，調査で測定される数値である．他方，プル・ベースの入手可能性 V_j は，当該ブランドが，選択集合内にある場合とない場合[注13]を想定したときに，その製品カテゴリー（の品揃え）に対して消費者が知覚する総合的な魅力度の差分に基づいて評価される．

例えば，ブランド j が，消費者 i の選択集合内にある場合について考えよう．こ

のとき，消費者iにとって，製品カテゴリーの総合的な魅力度I_{C_i}は以下のように規定されるものとする．

$$I_{C_i} = \ln\left\{\sum_{j' \in C_i} \exp(\hat{\alpha} u_{ij'})\right\} \tag{3.19}$$

ここで，$\hat{\alpha}$は(3.15)式のパラメータαの推定値である．次に，ブランドjが入手できない状況になっているために，消費者iの選択集合内に含めることができない場合を想定する．そのようなケースでは，消費者iにとっての製品カテゴリーの総合的な魅力度は以下のように規定される．

$$I_{C_i - \{j\}} = \ln\left\{\sum_{j' \in C_i - \{j\}} \exp(\hat{\alpha} u_{ij'})\right\} \tag{3.20}$$

ここで，消費者iの選択集合からブランドjが外れているという状態が，$C_i - \{j\}$と表現されていることに注意いただきたい．

(3.19)式と(3.20)式より，ブランドjが消費者iの選択集合内にあることに起因して生じるであろう，製品カテゴリーの総合的な魅力度の増分V_{ij}は，以下のように求められる．

$$V_{ij} = I_{C_i} - I_{C_i - \{j\}} \tag{3.21}$$

ただし，個人iがブランドjを認知していない場合には，$I_{C_i} = I_{C_i - \{j\}}$であるので，$V_{ij} = 0$であるものとする．

続いて，消費者ごとに，当該製品カテゴリーの単位期間当たり使用量を重みとする，V_{ij}の重み付き平均を求め，それをブランドjのプル・ベースの入手可能性V_jの推定値とする．

ところで，ブランドjの全体的な入手可能性A_jと，プッシュ・ベースの入手可能性P_jおよびプル・ベースの入手可能性V_jは，次のように関連づけられるものとする．

$$A_j = P_j + (100 - P_j)[1 - \exp(-\theta V_j)] \tag{3.22}$$

ここで，θは，以下の回帰モデルによって推定されるパラメータであり，

$$\ln\left(\frac{100 - P_j}{100 - A_j}\right) = \theta V_j. \tag{3.23}$$

$\theta > 0$であるものとする．

3.4.3 ブランド・エクイティ評価

Srinivasan et al. (2005)の手法では，はじめに個人レベルでブランド・エクイティが評価される．その後，分析対象のサンプル全体あるいはセグメントごとに，

3.4 ブランド・エクイティの源泉などの評価

個人ベースのブランド・エクイティが集計されて，集計レベルでのブランド・エクイティが評価されることとなる．

a. ベース・ブランド選択確率の推定

個人レベルのブランド・エクイティ Δp_{ij} は，ブランド j の選択確率 p_{ij} と，ベース・ブランドの選択確率 p'_{ij} の差 $p_{ij} - p'_{ij}$ で評価される．ここで，ベース・ブランドの選択確率 p'_{ij} は，分析対象のブランド j について，そのプッシュ・ベースの認知率と入手可能性，および後に述べるベース選好に基づいて推定される選択確率である[注14]．

プッシュ・ベースの認知率は，プッシュ・ベースの入手可能性とともに，業界の複数の専門家に対する調査に基づき得られる測定値である[注15]．これらの測定値が与えられたもとで，ベース・ブランドの選択確率 p'_{ij} は，次のような手続きで推定される．

はじめに，消費者調査によって観測されるブランドの認知率は，企業側のマーケティング活動によって，ベース・ブランドの（プッシュ・ベースの）認知率が引き上げられた結果として観測される数値であるものと考える．言い換えると，当該ブランドを認知している消費者のうち，一定の割合の消費者がプッシュ・ベースで認知するようになり，それ以外の消費者がプル・ベースで認知するようになったものとして捉えるということである．このような構造を仮定したうえで，プッシュ・ベースで認知している個人 i が，ブランド j を選択する確率を求め，それをベース・ブランドの選択確率 p'_{ij} の推定値としようというのが，ここでの基本的な考え方である．

この考え方はシンプルではあるけれども，消費者調査のサンプルの誰が，プッシュ・ベースでブランド j を認知している個人であるのかがわからないという根本的な問題が残る．そこで，調査ではブランド j を"知っている"と回答しているサンプルの中から，一定の割合のサンプルを仮想的に"知らない"ものとして扱うこととする．"知らない"という状態にするサンプルの割合は，ブランド認知率とプッシュ・ベースの認知率の差に基づいて設定される．

このような操作を行ったうえで，仮想的に"知らない"という状態になっている個人に対しては，プル・ベースの入手可能性 V_j とベース・ブランドの選択確率 p'_{ij} に 0 がセットされる．

一方，ブランド j を"知っている"という状態の個人については，さしあたりベース・ブランドのベース選好を規定する必要がある．はじめに，次の (3.24) 式に基づき，ベース・ブランド j に対する主観的属性評価に基づく選好 $m(s)'_{ij}$ を求

める．

$$m(s)'_{ij} = \sum_{k=1}^{K} f_{ik} s'_{ijk} \qquad (3.24)$$

ここで，f_{ik} は個人 i の属性 k に対する重みであり，(3.17)式の場合と同じように，あらかじめ測定された値がセットされる．ベース製品の属性に対する知覚 s'_{ijk} は，個人 i と製品属性 k について，製品属性の知覚バイアスが最小，つまり $\min_{j' \in C_i}(s_{ij'k} - o_{j'k})$ であるようなものを選択する[注16]．なお，$o_{j'k}$ は，ブランド j' の属性 k についての客観的な測定値である．次に，個人 i についての総和が 100 となるように $m(s)'_{ij}$ を再尺度化し，最終的なベース・ブランドの属性ベースの選好 w'_{ij} を求める．さらに，ベース・ブランドの非属性ベースの選好 n'_{ij} は，(3.18)式に基づいて求められる各ブランドの非属性ベースの選好 n_{ij} の中で最小，つまり $\min_{j' \in C_i} n_{ij'}$ であるようなものを選択する．そのうえで，次の(3.25)式に基づき，ベース・ブランドの総合的なベース選好 u'_{ij} を求める．

$$u'_{ij} = w'_{ij} + n'_{ij} \qquad (3.25)$$

最後に，ベース選好 u'_{ij} とプッシュ・ベースの入手可能性 P_j を(3.15)式に代入することで，個人 i のブランド j に対するベース・ブランド選択確率 p'_{ij} の 1 つの測定値が求められる．

ところで，先にも述べたように，ベース・ブランドの選択確率は，たまたまそのブランドについて仮想的に"知らない"という状態にセットされることのなかった個人についてのものである．このようなことを考慮して，実際には，上記の処理を複数回繰り返したうえで[注17]，それらの計算結果の平均値を，ベース・ブランド選択確率 p'_{ij} の推定値としている．

b. 個人レベルのブランド・エクイティの推定

Srinivasan et al. (2005) の手法では，個人レベルのブランド・エクイティが，以下のように捉えられている．

$$e_{ij} = q_i \Delta p_{ij} g_j \qquad (3.26)$$

ここで，e_{ij} は，個人 i のブランド j に対するブランド・エクイティであり，q_i は個人 i の製品カテゴリーレベルでの単位期間当たり総購入量，Δp_{ij} は個人 i におけるベース・ブランドに対するブランド j の選択確率の増分（すなわち，$\Delta p_{ij} = p_{ij} - p'_{ij}$），$g_j$ はブランド j の粗利益である．

c. 集計レベルのブランド・エクイティの推定

集計レベルのブランド・エクイティは，N 人の個人レベルのブランド・エクイティに基づいて以下のように推定される[注18]．

$$e_j = \frac{T}{Q} g_i \sum_{i=1}^{N} q_i \Delta p_{ij} \tag{3.27}$$

ここで，T は市場全体で単位期間に購入される製品カテゴリー内の製品の総量，Q は N 人のサンプル全体で単位期間に購入される製品カテゴリー内の製品の総量である．したがって，T/Q は，調査サンプルに基づく集計値を，市場全体（あるいは個々のセグメント）に拡大推計するための係数となっている．

3.4.4 ブランド・エクイティの源泉評価

Srinivasan *et al.*（2005）は，ブランド・エクイティの源泉を，ブランド認知の増分，属性ベース選好の増分，非属性ベース選好の増分という3つの観点で評価することを提案している．

a. ブランド認知の増分による影響評価

ブランド認知の変化に起因するブランド・エクイティの変化は，$p_{ij} - p_{ij}^{aw}$ によって評価される．ここで，p_{ij}^{aw} は，ブランド j に対する認知レベルが，概ねプッシュ・ベースの認知レベルに等しいという状態において，ブランド j を"知っている"個人 i が，ブランド j を選択する確率である．

ベース・ブランドの選択確率を推定する場合と同じように，ここでも，どの個人がブランド j を"知っている"という状態で取り扱われるべきかがわからないということが問題になる．そこで，ベース・ブランドの選択確率を推定するための操作と同様に，以下の操作を行う．

はじめに，ブランド認知率とプッシュ・ベースの認知率の差に応じて，実際にはブランド j を知っているのであるけれども，仮想的に"知らない"という状態にする個人を，調査サンプルの集合からランダムに抽出する．その後，それらの個人については，p_{ij}^{aw} の値を 0 にセットする．

次に，(3.21)式に基づき，プル・ベースの入手可能性 V_{ij}^{aw} を求める．ただし，ブランド j を"知らない"状態の個人 i は，$V_{ij}^{aw} = 0$ となり，ブランド j を"知っている"状態の個人 i は，$V_{ij}^{aw} = V_{ij}$ となる．続いて，全サンプルについて V_{ij}^{aw} の平均を求め，それを V_j^{aw} とする．さらに，下式により A_j^{aw} を求める．

$$A_j^{aw} = P_j + (100 - P_j)[1 - \exp(-\hat{\theta} V_j^{aw})] \tag{3.28}$$

ここで，$\hat{\theta}$ は (3.23) 式に基づき推定されるパラメータである．その後，(3.15)式の A_j に A_j^{aw} を代入することによって，p_{ij}^{aw} が求められる．

ここまでの処理を多数回繰り返し実行し，得られた複数の推定値の平均をとったものが，最終的に p_{ij}^{aw} の推定値となる．最後に全サンプルについて，個人の製

品カテゴリーの購入量を重みとした $p_{ij}-p_{ij}^{aw}$ の平均値が求められ，ブランド認知のレベルの変化がブランド・エクイティに及ぼす影響の程度が評価される．

b．属性ベース選好の増分による影響評価

属性ベース選好の増分に起因するブランド・エクイティの変化は，$p_{ij}-p_{ij}^{a}$ によって評価される．ここで，p_{ij}^{a} は，個人 i がブランド j の製品属性に対して保持している主観的な知覚バイアスが，ベース・ブランドのそれと同程度となっている状態で，ブランド j が選択される確率である．

個人 i がブランド j の製品属性に対して保持している主観的な知覚バイアスが，ベース・ブランドのそれと同程度であるような選好を $m(s)_{ij}^{a}$ とする．次に，製品属性 k に関する知覚バイアスを $s_{ijk}-o_{jk}$ として表現する[注19]．ここで o_{jk} は，ブランド j の製品属性 k についての客観的な測定値である．ベース・ブランドの選択確率を求める場合と同じように，個人 i と製品属性 k について，製品属性の知覚バイアスが最小，つまり $\min_{j' \in C_i}(s_{ij'k}-o_{j'k})$ であるようなものを選択する．

以上の結果から，$m(s)_{ij}^{a}$ は，下式のように規定される．

$$m(s)_{ij}^{a} = \sum_{k=1}^{K} f_{ik}(s_{ijk}^{a}) \qquad (3.29)$$

ここで，$s_{ijk}^{a} = o_{jk} + \min_{j' \in C_i}(s_{ij'k}-o_{j'k})$ である．

次に，個人 i についての総和が100となるように $m(s)_{ij}^{a}$ を再尺度化し，最終的な属性ベースの選好 w_{ij}^{a} を求める．そして(3.25)式と同様に，w_{ij}^{a} に n_{ij} を加えることでブランド選好 u_{ij}^{a} を得ることができる．その後，(3.19)～(3.21)式および(3.28)式と同様の手続きでブランド入手可能性 A_{j}^{a} を更新し，(3.15)式に u_{ij}^{a} と A_{j}^{a} を代入することによって，p_{ij}^{a} が求められる．

以上の結果から，属性ベース選好の増分によるブランド・エクイティへの影響 $p_{ij}-p_{ij}^{a}$ の評価が行われる．

c．非属性ベース選好の増分による影響評価

非属性ベース選好の増分に起因するブランド・エクイティの変化は，$p_{ij}-p_{ij}^{n}$ によって評価される．ここで，p_{ij}^{n} は，個人 i がブランド j に対して保持している非属性ベースの選好が，ベース・ブランドのそれと同程度となっている状態で，ブランド j について与えられる選択確率である．

はじめに，個人 i について，非属性ベースの選好が最小，つまり $\min_{j' \in C_i} n_{ij'}$ であるようなものを選択する．次に，p_{ij}^{n} を計算するために，(3.18)式に基づき，以下のように新たなブランド選好の測定値 u_{ij}^{n} を求める．

$$u_{ij}^{n} = w_{ij} + \min_{j' \in C_i} n_{ij'} \qquad (3.30)$$

さらに (3.19)〜(3.21) 式および (3.28) 式と同様の手続きでブランド入手可能性 A_j^n を更新し，(3.15) 式に u_{ij}^n と A_j^n を代入することによって，p_{ij}^n が求められる．そのうえで，最終的に非属性ベース選好の変化に起因するブランド・エクイティへの影響 $p_{ij} - p_{ij}^n$ の評価が行われる．

3.4.5　Srinivasan *et al.*（2005）の手法についての小括

　これまでの議論から明らかなように，Srinivasan *et al.*（2005）の手法を用いてブランド・エクイティおよびその源泉の評価を行う場合には，消費者調査データ，企業あるいは中立的製品検査機関の調査データ，業界の専門家に対する調査データの 3 種類のデータが必要となる．消費者調査では，ブランド認知，直近の購買行動，製品属性の知覚と重要度，ブランドの選好，デモグラフィクス（人口統計的属性）とサイコグラフィクス（心理学的属性）などが調査される．これらは，Park and Srinivasan（1994）の提案している方法と概ね同じである．次に，企業あるいは中立的製品検査機関の調査では，ブランドの価格や入手可能性，および各ブランドの粗利益，製品属性などが調査される．最後に，業界の専門家に対する調査では，企業の営業力によって実現されていると考えられるプッシュ・ベースの利用可能性とプッシュ・ベースの認知についての評価が調査される．Srinivasan *et al.*（2005）の手法では，これら複数の調査データを多面的に活用して，ブランド評価を行うので，その込み入った手続きに目が行きがちになるけれども，それとあわせて調査自体にも注意を払い，適切なデータを得ておくということにも留意しておかなければならない．

　ところで，前節の Srinivasan（1979）の手法や本節の Srinivasan *et al.*（2005）の手法を複数のブランドに適用し，それらの結果を比較することで，競合するブランドの特徴を横断的にみていくことは可能である．とはいえこれらの手法は，特定のブランドの評価に主眼を置いているものであるので，競合するブランド間の関係を明示的に考慮しているわけではない．もっと直接的にブランド間の関係を捉えるには，そのような関係を明示的に仮定した手法が必要である．次節では，複数のブランド間の競争状況を評価することを目的として提案されている，そのような手法について取り上げることとする．

3.5　ブランド間の競争状況の評価

　ブランド間の競争状況を分析するためのさまざまなモデルが提案されてきてい

るけれども，それらの多くはスキャナー・パネル・データなどの購買データの利用を前提にしている（井上，2001）．マーケティング活動が，最終的に消費者の行動に影響を及ぼすことを企図するものであるとするならば，その行動により多くの注意を払うという立場は，十分に説得力のあるものであろう．とはいえ実際に消費者の購買行動の記録のみを頼みとして，ブランド間の競争状況を詳らかにしようと試みると，思いのほか多くの困難に直面するかもしれない．例えば，市場シェア上位のブランドであっても，それを取り扱っていない店舗では，当該ブランドに関する購買データを捕捉することはできない．あるいは，そもそも購買データを日常的に取得することが行われていない業種もあろう．または，購買データが収集される店舗の特定の環境要因の影響を受けていない状態で，ブランド間の関係を推し測りたいということもあるかもしれない．そのような場合，購買データのみに頼っていては目的を達成することができないであろうから，代替的な方法として何らかの調査データを活用することが現実的な対応となる．

本節では，調査データに基づきブランド間の競争状況を分析するための手法に焦点を当て，例として Bucklin and Srinivasan（1991）の手法について概観する．この手法は，調査データに基づいてブランド間の交差価格弾力性やスイッチング行列の推定を行おうとするものである．Bucklin and Srinivasan（1991）は，この方法を preference structure measurement（PSM）と呼んでいる．ここでいう選好構造（preference structure）とは，具体的には製品カテゴリー内の各ブランドに対する選好の度合いと，それらの価格についてのトレードオフの程度を指している．

ところで消費者世帯は，使用者と使用場面の組合せによって，同一の製品カテゴリー内で異なる複数の選好構造を持つかもしれない．そこで，世帯内で同じ便益に対応した使用者と使用場面の組を，当該世帯内の部分世帯（subhousehold）と定義する．この部分世帯を単位としてブランドに対する選好構造を捉えようとするのが，Bucklin and Srinivasan（1991）の PSM アプローチである．PSM アプローチは，データの収集（部分世帯と選好構造の特定），選好構造の定式化と選択確率の計算，交差価格弾力性の推定といった流れで構成されている．以下，この流れに沿って PSM アプローチの概要を紹介する[注20]．

3.5.1 データの収集（部分世帯と選好構造の特定）

Bucklin and Srinivasan（1991）の PSM アプローチにおけるデータ収集は，考察の対象とする母集団（消費者世帯の集合）からランダムに抽出したサンプル世

帯に対して，当該世帯の部分世帯の特定と特徴づけを行うステップと，各部分世帯における選好構造を測定するステップの主に2つのステップで進められる．

はじめに，部分世帯の特定と特徴づけを行うステップについて確認する．このステップでは，手始めに，回答者に自分の世帯内で日常的に利用しているブランドを列挙してもらう[注21]．次に，列挙された各ブランドの利用頻度に基づく順位づけをしてもらったうえで，上位のブランドに限定して以降の調査を進める[注22]．なお，リストアップされたブランドが1つの場合，その世帯の部分世帯は1つであるものとして取り扱う．一方，2つ以上のブランドがリストアップされた世帯については，それぞれのブランドを比較し，代替可能か（つまり，「使用者/使用場面」が同じか否か）確認する．そのうえで，代替性がないブランド（の集合）の数が，当該世帯の部分世帯の数ということになる．

このようにして部分世帯が特定された後は，各部分世帯について，次の項目を確認する．

- 過去6か月間で当該部分世帯のニーズを充足させるために使用したほかのブランド
- 上記のブランドと現在使用しているブランドの過去6か月間における使用期間の割合（当該部分世帯における各ブランドのシェアの推定値として利用）
- 各部分世帯における単位期間当たりの消費量（市場全体の消費量を推定するうえでの各部分世帯のウェイトとして利用）

次に，各部分世帯における選好構造を測定するステップの具体的な手続きを確認する．手始めにほかの属性水準は考慮せずに，各部分世帯にとって"まったく受け入れられない"属性水準を特定する．その結果から，入手可能なブランドの中で，各部分世帯について受容可能なブランドとそうではないブランドを識別する．引き続いて，受容可能なブランドのみを対象に，それに対する選好度を0〜10点で評価をしてもらう．そのうえで，最も選好度の高いブランドと，例えば40％引き[注23]した最も選好度の低いブランド間で，どちらかを選択してもらう．その結果，回答者が最も高い選好度のブランドを選択した場合は，その価値が10点であるとしたときに，もう一方のブランドが40％引きとなっている状態での価値は，0〜10点の間で何点くらいになるのかを評価してもらう．同様に，回答者が40％引きのブランドの方を選択したら，その価値が10点であるとした場合，もう一方のブランドの価値は，0〜10点の間で何点くらいとなるのかを評価してもらう．そのうえで最終的に，最も選好度が高いブランドを10点としたときの，40％引きのブランドの相対的な選好度を再スケール化する．

以上の手続きにより，各部分世帯の選択集合に含まれるブランドに対する相対的な選好度の測定値を得ることができる．

3.5.2 選好構造の定式化と選択確率の計算

Bucklin and Srinivasan (1991) の PSM アプローチでは，コンジョイント分析の枠組み (Green and Srinivasan, 1978) を使って，世帯 h の部分世帯 s についての選好構造を以下のように定式化している．

$$\tilde{V}_{si}^h = \tilde{U}_{si}^h - \alpha_s^h P_i \tag{3.31}$$

ここで，$\tilde{V}_{si}^h$ は価格 P_i におけるブランド i の総合的知覚価値，$\tilde{U}_{si}^h$ はブランド i に対する部分効用，P_i はブランド i の価格である．

ところで，ブランドに対する効用を，調査で測定した通常価格での選好度の評点であるものとし，40%引きの場合の選好度との差を R とする．このとき，ブランドの通常価格を T と標記すると，40%引きは $0.4T$ 分の価格変化であり，それは(3.31)式の $\tilde{V}_{si}^h$ における $\alpha_s^h \times 0.4T$ の変化に対応している．つまり $\alpha_s^h \times 0.4T = R$ であるので，これを変形して $\alpha_s^h = 2.5R/T$ を得る．ここで，α_s^h が与えられれば，(3.31)式は，α_s^h で除して以下のように変換することができる．

$$V_{si}^h = U_{si}^h - P_i \tag{3.32}$$

ここで，V_{si}^h はブランド i の価格換算後の知覚価値，U_{si}^h はブランド i の価格換算後の効用である．なお，部分世帯 s において受容されないブランドについては，U_{si}^h に対して，後に計算される選択確率が概ね 0 となるような負の値をセットする必要がある．

これまでの結果を利用することで，ブランド i に対する任意の価格の集合 $\{P_i\}$ が与えられれば，(3.32)式に基づいて，任意の部分世帯 s に対するブランド i の知覚価値 V_{si}^h を求めることができる．これを利用して，各部分世帯におけるブランド選択確率を推定することが，PSM アプローチの次のステップとなる．Bucklin and Srinivasan (1991) は，以下のようなシンプルなロジット・モデルを利用して，世帯 h の部分世帯 s のブランド i に関する選択確率 p_{si}^h の推定を行っている．

$$p_{si}^h = \frac{\exp(\beta_s^h V_{si}^h)}{\sum_k \exp(\beta_s^h V_{sk}^h)} \tag{3.33}$$

ここで，β_s^h は，部分世帯ごとに推定されるべきスケーリング・パラメータであり，その推定は非線形最小二乗法で行われている．なお，その際の従属変数 p_{si}^h には，調査で得た部分世帯の各ブランドに対する使用期間のシェアが用いられる．

3.5.3　交差価格弾力性の推定

Bucklin and Srinivasan（1991）の PSM アプローチでは，ブランド間の交差価格弾力性を推定するために，手始めに，(3.34)式に基づき通常価格でのブランド j の総需要量 Q_j を求める．

$$Q_j = \sum_h \sum_s q_s^h p_{sj}^h \tag{3.34}$$

ここで，q_s^h は，調査で得た世帯 h の部分世帯 s における消費量である．

続いて(3.32)～(3.34)式に基づき，ほかのすべてのブランドの価格を一定にしたままで，1つのブランド i の価格のみを変化させた場合のブランド j の総需要量を再推定する．ここで，ブランド j の総需要量の再推定値を Q'_j とすると，ブランド j の総需要量の変化量 ΔQ_j は，$\Delta Q_j = Q'_j - Q_j$ で求められる．以上のことから，ブランド i の価格変化に対するブランド j の総需要量についての交差価格弾力性は，下式で求めることができる．

$$\eta_{ji} = \frac{\Delta Q_j / Q_j}{\Delta P_i / P_i} \tag{3.35}$$

この手続きをすべてのブランドについて行うことによって，交差価格弾力性行列が推定される．なお，個々の交差価格弾力性の推定値について標準誤差を評価するために，Bucklin and Srinivasan（1991）は，ブートストラップ法を利用している．

ここで得られた交差価格弾力性行列をみることで，ブランド間の競争状況を直接的に評価することができる．あるいは，交差価格弾力性行列，もしくはそれを用いて推定されるブランド・スイッチング行列[注24]に，多次元尺度構成法のような多変量解析手法を適用することで，視覚的にブランド間の競争関係を記述することも可能である．

3.6　ま　と　め

購買データが手軽に利用できない場合や，購買データが収集された特定の環境要因の影響を受けないようにブランド評価を行いたい場合には，調査データを利用したブランド評価の手法を利用することが代替的な手段となる．また，ケラー（2010）の言う消費者ベースのブランド・エクイティが，消費者の持つブランド・イメージに起因するものであって，なおかつ消費者ベースのブランド・エクイティを高めていくことが，ブランド管理における重要な目標となる以上，消費者の

意識や態度に関する洞察を得ることはきわめて重要である．調査データを利用したブランド評価の手法が特に機能することを期待されるのは，まさにこのような領域であるだろう．

本章では，調査データを利用することを前提として提案されてきているさまざまなブランド評価の手法の中から，主に，ブランドの総合的な評価を行うための手法，ブランド・エクイティの源泉などの評価を行うための手法，ブランド間の競争状況の評価を行うための手法について概観してきた．これらの手法は，ブランド・エクイティを構造的に捉えたうえで，要となる複数の指標を調査によって測定し分析を進めていくものであるため，その手続きは複雑なものとなる傾向にある．けれどもそのようなアプローチをとることで，より多様な切り口でのブランド評価が可能となるので，ほかのブランド評価手法と上手に使い分けながら活用されることを期待したい．

注

(1) さまざまなブランド評価の手法については，例えば，オリバー (1993)，アーカー (1997)，青木ら (1997)，石垣 (1996)，刈屋 (2005)，ケラー (2010) で紹介されているので参照されたい．
(2) 分析で必要となるデータの操作（例えば，$\sum_{j=1}^{J} v_j = 0$ など）については原著 (p.13) の記述を参照されたい．
(3) ブランド名を製品属性の1つとして取り扱うことでブランド評価を行う方法を提案している研究 (Green and Wind, 1975) もあるけれども，Srinivasan (1979) は，そのような方法では製品の記述が非現実的なものになってしまう可能性があると指摘している．
(4) Srinivasan (1979) は，消費者が市場のすべてのブランドについて熟知しているということは稀であり，多くの場合，自身にとって望ましいいくつかの少数の候補の中から選択を行っていると考えている．それゆえ，そのような行動と合致するように，総合的選好度が最大となるものとの対比のみで適合の悪さを示す指標を構成している．なお，原著では，分析対象のすべてのブランドとの対比で適合の悪さを示す指標を構成するアルゴリズムも提案されているものの，市場シェア予測の精度という観点でみると，そのパフォーマンスは (3.4) 式に対して劣るということが報告されている．
(5) (3.4) 式は，1つのブランドが選択される状況を想定してモデル化されているけれども，Srinivasan (1979) は，これを複数ブランドが選択される場合に拡張する方法についても提案を行っている．その詳細については，原著 (p.18) の記述を参照されたい．
(6) 輸送問題とその双対問題に関する解説は，例えば，森ら (1991) を参照されたい．
(7) 原著では availability と表記されている用語を，ここでは入手可能性としている．
(8) 入手可能性 A_j の測定は，対象とする製品市場によって可能な手法が異なるので，汎用的な方法は提案されていない．例えば Srinivasan et al. (2005) の携帯電話市場の分析では，メーカーが調査した小売店舗のブランド別陳列スペースシェアが利用されている．

（9）Park and Srinivasan（1994）の研究では，選択集合 C_i をすべての個人について共通であると仮定しているところが，Srinivasan et al.（2005）とは異なる点である．
（10）原著では，$f_{ik}s_{ijk}$ の部分は，$f_{ik}(s_{ijk})$ として一般的に表現されているものの，ここでは Park and Srinivasan（1994）との関連および，Srinivasan et al.（2005）で行われている実際の測定方法に対応させてこのように表現している．
（11）Srinivasan et al.（2005）および Park and Srinivasan（1994）の研究では，調査対象者から直接回答してもらう方法で測定している．
（12）$m(s)_{ij}$ は，そのままでは u_{ij} と尺度が異なるため比較できないことに注意されたい．
（13）ここでは，消費者の考慮集合内にブランド j が含まれないがゆえに，選択集合内にもないという状況が想定されているのではない．むしろ消費者の考慮集合内にはブランド j が含まれているにもかかわらず，流通側の品揃えから当該ブランドが外されているなどの理由により，消費者の選択集合にブランド j を含めることができないという状況が想定されていることに注意されたい
（14）ベース・ブランドとは，シェアの低いナショナル・ブランドやプライベート・ブランドのような，市場に存在する特定のブランドではなく，ここでは仮想的なブランドを意味している．
（15）調査の詳細については，Srinivasan et al.（2005, p.1444）の記述を参照されたい．
（16）製品属性の知覚バイアスは，個人間あるいは属性間で変化し得るので，このように処理することで，ベース製品の製品属性の知覚も，個人間あるいは属性間で変化することを許容している．
（17）Srinivasan et al.（2005）は，繰り返しの回数を 30 回程度としている．
（18）粗利益が個人ごとに異なる場合には，（3.27）式は，以下のように書き換えられる．
$e_j = (T/Q)\sum_{i=1}^{N} q_i \Delta p_{ij} g_{ij}$
（19）$o_{jk} + (s_{ijk} - o_{jk})$ であるので，（3.17）式は，$m(s)_{ij} = \sum_{k=1}^{K} f_{ik}[o_{jk} + (s_{ijk} - o_{jk})]$ と書き換えることができる．
（20）スキャナー・パネル・データを利用した場合，部分世帯を明確に識別できず，複数の部分世帯が存在する場合であっても，あたかも 1 つの部分世帯しか存在しないものとみなして分析を行うこととなるため，ブランド間の競争状況を把握するうえで偏りが生じることがあるということを，Bucklin and Srinivasan（1991）は指摘している．
（21）ここでは「ブランド名＋製品タイプ」の組合せをブランドとしている．
（22）Bucklin and Srinivasan（1991）は，上位の 3 ブランドを対象として調査を行っている．ただし，上位 3 ブランドとしたのは，回答者の負担を考慮し，調査を実行可能なものとするためであって，その数自体には何ら理論的根拠はない．
（23）実際には，対象製品カテゴリーの実績に基づいて現実的な値引率を設定する．
（24）Bucklin and Srinivasan（1991）は，得られた交差価格弾力性行列を用いたシミュレーションにより，ブランド・スイッチング行列の推定値を求めるための方法も提案している．

4. WTPを用いたブランド価値評価

- 価格プレミアムは製品の価格のうちブランドがもたらすプレミアム部分を意味しているが，それを評価する指標としてWTPがよく用いられる．WTPは，消費者がその製品に対していくらまでなら支払ってもよいと考えているかを示す金額を意味している．
- 製品そのものは同じものであっても，ブランドが付与されることによって消費者のWTPが高まる．ブランドは，このような「価値の上乗せ効果」を有している．一方で，ブランドは，ハロー効果によって製品属性の知覚バイアスをもたらすという「評価の押し上げ効果」も有している．
- ノートパソコンを対象として，ブランドが付与されることによるWTPの向上効果を消費者調査によって確認した．その結果，WTPの向上分に占める上記2つの効果の寄与率は，価値の上乗せ効果が73.7％，評価の上乗せ効果が26.3％であった．

4.1 はじめに

　第1章で述べたように，Aaker（1991）はブランド・エクイティを評価するための5つの方法の1つとして価格プレミアムをあげている．またKeller（2008）は，ブランドがポジティブな顧客ベースのブランド・エクイティを有している場合に価格プレミアムを享受できるとしている（邦訳書 p.105）．
　価格プレミアムとは，製品の価格のうちブランドがもたらすプレミアム部分を意味しているが，それを評価する指標としてWTP（willingness to pay）がよく用いられる．WTPは，消費者がその製品に対していくらまでなら支払ってもよいと考えているかを示す金額のことであり，「支払い意思額」などと訳される場合もある．
　Yovovich（1988）によると，アメリカン・モータースは次のような方法で価格プレミアムを測定したという．まず，ノーブランドの自動車のモデルを提示して，消費者のWTPを調べる．さらに，同じモデルにさまざまなブランド名をつけて，同様に消費者のWTPを調べる．この結果，ノーブランドのモデルのWTPは約

1万ドルであり，それに例えば，ルノー・プルミエというブランド名をつけると約3000ドル高くなったという．この場合，ルノー・プルミエというブランドの価格プレミアムが約3000ドルであると評価できることになる．

また，三橋（2012）は次のような方法で価格プレミアムを調査している．彼は，インターネット調査を利用し，被験者に対して平均的スペックのノートパソコンを提示して，その製品がノーブランドの場合といくつかのブランドを付与した場合でのWTPを比較した．この結果，ノーブランドのWTPの平均が約52000円であったのに対して，例えばVAIOブランドを付与したときのWTPが約78000円と1.5倍に上昇することなどを見出した．

このように，WTPを利用することによって，価格プレミアムという視点からブランド価値を把握することができる．これは，第1章で整理したブランド評価のうち，マーケティング視点によるブランド価値評価に相当する．すなわち，価格プレミアムは，製品そのものに付加的な価値をもたらす存在としてのブランドを評価する尺度であると理解することができる．

ブランドは上記のように，製品そのものに対して価値を上乗せする効果を持つほかに，ハロー効果（Beckwith and Lehmann, 1975; 1976）によって製品属性の知覚のバイアスをもたらす働きも有していると考えられる[注1]．つまり，ブランドが付与されることによって，消費者の製品属性に関する知覚や評価が押し上げられる効果が生じるということである．上記の例でいえば，消費者がノートパソコンのスペックから判断した製品そのものの価値に対して，ブランドが付加価値を上乗せする効果を持つと同時に，スペックから判断される性能に関する主観的評価をブランドが押し上げる効果を有しているということになる．

このように考えるとブランドは，価値の上乗せ効果と評価の押し上げ効果の両方を有しており，それら双方の働きによって，ブランドが付与された製品はノーブランド品よりも高い価値があると認識されるのだと考えられる．本章では，このようなブランドの2つの働きを整理するとともに，WTPを利用して両者の効果の大きさを測定した調査・分析結果について解説する．

4.2 ブランドによる価値の上乗せ効果と評価の押し上げ効果

価格プレミアムの議論からもわかるように，ブランドは価格に対する許容度を広げる働きを持っているが，同時に，同じ価格であれば選好を高めるという機能も有している．つまり，製品そのものは同じものであっても，ブランドが付与さ

れることによって消費者の選好が高まり，販売量の増大をもたらすということである．このように，ブランドを付与することによって生じる消費者の選好の増分は選好プレミアム（preference premium）と呼ばれる．

Ailawadi *et al.*（2003）は，同様の概念として販売量プレミアム（volume premium）という用語を利用している．これらの概念はいずれも，ブランドを付与することが，消費者の選好を高め販売量の増大に寄与するという現象を意味している．

第1章で説明したとおり，製品そのものの魅力度が，製品の属性評価と属性の重要度との積和で捕捉できると考えれば，(4.1)式を土台として選好プレミアムを把握することができる．

$$A_i = \alpha_i + \sum_k \beta_k x_{ik} + \varepsilon_i \qquad (4.1)$$

ここで，A_i はブランド i の総合魅力度，x_{ik} は k 番目の製品属性に関する i ブランドの評価値，β_k は k 番目の製品属性に関する重要性を表す．α_i はブランド i 自体の魅力度であり，ブランドの選好プレミアムを表す．ε_i は誤差項である．

(4.1)式の $\sum_k \beta_k x_{ik}$ は，製品属性ベースで捕捉される魅力度であり，製品そのものの魅力を表している．したがって，(4.1)式は，製品全体の魅力度が，製品そのものに起因する部分と，ブランドがもたらす部分とで構成されていることを意味している．このようなモデルを利用して，実購買や模擬購買による選択データなどを使って分析することによって，ブランドの選択への寄与度を測定することも可能となる．また，第5章で説明するように，ブランド価値評価でよく利用されるコンジョイント分析も，基本的には(4.1)式と同様に，属性ベースの評価の加重和によって選択肢の魅力度を表現している．

このように，(4.1)式やコンジョイント分析では，製品属性をキーとすることによって，製品の価値を客観的に把握できるということを前提としている．そして，そのようにして捕捉される製品そのものの魅力度と総合的な製品魅力度の差である，(4.1)式の α_i をブランドの魅力度だと捉えている．この考え方によると，製品そのものの価値とは独立した存在としてブランド価値を捉えていることになる．言い換えると，製品そのものの価値への上乗せ分としてブランドの価値を測定していることになる．

一方で，上述したように，ブランドにはハロー効果によって製品属性の知覚のバイアスをもたらす効果もある．つまり，ブランドが付与されることによって消費者の製品属性に関する知覚や評価が押し上げられる効果があるということであ

る．この効果は，(4.1)式の x_{ik} の値そのものが，ブランドの影響を受けて増大することを意味している．

このような効果の存在を確認するために，古くから実施されているブラインド・テストを考えてみよう．ブラインド・テストとブランデッド・テスト[注2]との比較によってブランドの選好への影響を確認する方法は昔から行われてきた．例えば，Chernatony and Knox (1990) は，英国における味覚テストの結果を次のように報告している．ダイエットコークとダイエットペプシの2つの味覚をブラインド・テストで捕捉したところ，前者を選好するものが44%，後者を好むものが51%であった．しかし，ブランドを提示して味覚テストを行った結果，前者と後者を選好するものの比率が，65%と23%となってしまったという[注3]．

また，McClure et al. (2004) は，コカ・コーラとペプシコーラを対象として味覚テストを実施した．この結果，ブラインド条件ではほとんど差がないが，ブランドを提示するとコカ・コーラを選好する人が多くなった．彼らは同時にfMRI（機能的磁気共鳴画像）を利用し，飲用時の被験者の反応の相違を脳活動の側面から検討している．この結果，コカ・コーラでもペプシでも同様に，脳の腹内側前頭前野という部位が反応した．これは，味覚という五感刺激に反応する部位である．一方で，普段からコカ・コーラが好きな被験者が，ブランドが提示されたコカ・コーラを飲むときにだけ，脳の海馬と背外側前頭前野が反応した．これは，記憶を司る部位と連携して物事を判断する部位であり，このことからブランドに関する記憶が，味の評価に影響していることが示唆される．

これらのテストは，あくまで飲料の味覚評価であることに留意する必要がある．つまり上記のテストの結果は，ブランドが提示されることによって製品に対する総合的評価や選好が変わったのではなく，味（あるいは美味しさ）という製品特性に関する評価が変化したことを意味している．つまり，味覚評価にブランドの魅力度が上乗せされることによって製品の総合評価が変わったのではなく，味覚評価そのものがブランドの影響を受けて変化したということである．このようにブランドは，知覚のバイアスをもたらし，属性評価そのものを押し上げる効果を有している．

ノートパソコンの大きさや重さ，搭載されているハードディスクの容量といった物的属性は数値によって客観的に表現される．ところが，性能の高さ，持ち運びやすさ，キーボードの打ちやすさといった，より抽象化された特性は消費者が主観的に判断するものであり，数値化可能な物的属性の影響は受けるものの，それだけで規定されるわけではない．

さらに，味，香りや手触りの良さというような製品特性は，そもそも物的属性と関連づけて判断することが難しく，ほとんどが主観的な評価によっている．このような製品特性の主観的評価には，ブランドが少なからず影響するものと考えられる．このようにブランドは，知覚のバイアスをもたらすことによって製品特性に関する主観的評価を押し上げる効果も持っている．

Keller and Lehmann（2006）は，ブランド選択モデルの構築においてブランド・エクイティを考慮する際に，次の4つの変数を考慮することを提唱している．それらは，上述してきた製品属性の知覚バイアス，イメージ連想，慣性価値，および特定の属性や便益とは結びつかない増分価値である．これらのうち，製品属性の知覚バイアスは，上述したようにブランドの押し上げ効果をもたらす．

イメージ連想，慣性価値および増分価値は，いずれも製品の属性ベースの評価によって形成されるブランドの価値にプラスアルファでもたらされる価値であり，先述したブランドによる上乗せ効果に含めて考えることができる．イメージ連想は，ブランドの情緒的価値や自己表現的価値を形成する源であり，製品そのものの価値に上乗せされるブランドの価値の中心的な要素になると考えられる．慣性価値は，選択に関する負荷を軽減することで，ブランドの選好や選択に寄与する．最後の，特定の属性や便益とは結びつかない増分価値も含めて，これら3者は，製品そのものの価値に上乗せされるブランドの価値であると考えることができる．

このように考えると，製品の総合評価に対してブランドがもたらす影響を図4.1のように表すことができる．消費者は，製品のスペックを理解したり，実際に使用することによって製品の物的属性を把握し，それらの判断や経験をもとに製品特性に関する主観的評価を形成する[注4]．この主観的評価形成のプロセスにブランドは大きな影響力を持つと考えられる．この影響は，図4.1における「ブランドによる評価の押し上げ効果」に相当する．

しかし，製品特性の主観的評価を総合したものが，消費者が感じる製品の総合的価値とはならない．使用したり購入することによる情緒的価値や自己表現的価値は，製品特性の評価だけでは捉えきれない，ブランドがもたらす付加価値だと

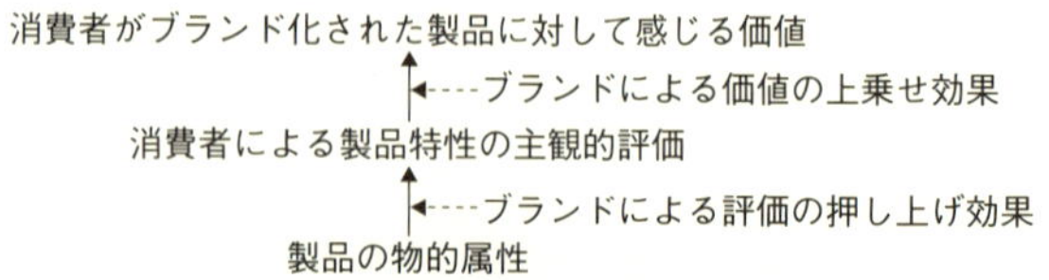

```
消費者がブランド化された製品に対して感じる価値
            ↑----ブランドによる価値の上乗せ効果
消費者による製品特性の主観的評価
            ↑----ブランドによる評価の押し上げ効果
製品の物的属性
```

図 4.1 ブランドによる上乗せ効果と押し上げ効果

考えられる．また，これらの価値には先述したブランドのイメージ連想が大きく影響する．さらに，消費者が製品を評価する際には，すべての製品特性を考慮できるわけではない．そのため，明確に意識して考慮していない製品特性が評価され，それがブランドの上乗せ効果に含まれる場合もあると考えられる．

例えば，パソコンを選ぶときに，耐久年数や故障しにくさといった特徴はスペックとしては表現されないだろうし，客観的なデータや自分の経験によって消費者が機種間の比較をすることは難しいと思われる．あるいは，故障したときにメーカーがどのような対応をしてくれるのかといったことについて，具体的な情報や経験によって比較をすることも難しいかもしれない．したがってこれらの要素は，安心感や信頼感などの，より抽象的なブランドの価値として考慮されるのだと考えられる．

上述してきたような抽象的な価値や情緒的価値などは，図4.1におけるブランドによる価値の上乗せ効果に含まれると考えられる．

4.3 実証分析

4.3.1 実験の概要

上述したブランドによる価値の上乗せ効果と評価の押し上げ効果の両方の存在を確認するため，ここではWTPを用いた次のような調査を行う．基本的な考え方は，上述したYovovich（1988）および三橋（2012）を土台としたものであり，同じスペックの商品にブランドを付与した場合とノーブランドの場合とのWTPを比較する．両者の比較によってブランドがもたらす価値を金額によって比較することができる．

ただし，上記の方法だけでは，図4.1に示される価値の上乗せ効果と評価の押し上げ効果を切り分けて把握することができない．両方の効果を確認するためには，製品スペックの主観的評価がブランドによってどの程度向上するのかをみることが必要となる．そこで，ここでは，質問紙実験を用いて，上述したWTPのほかに，同じスペックの性能に関する主観的評価がノーブランド品とブランド品でどのような差異があるのかについての確認を行う．具体的な実験の概要は下記に示すとおりである．

　実験方法：インターネット・リサーチ会社のリサーチ・パネルを対象とした質
　　問紙実験

表 4.1A　グループ 1 に提示した刺激

ブランド	ノーブランド品	東芝 dynabook
OS	Windows 8.1 64 ビット版	Windows 8.1 64 ビット版
CPU	Intel Celeron プロセッサー（2 コア/2 スレッド/2.00 GHz）	Intel Celeron プロセッサー（2 コア/2 スレッド/2.00 GHz）
メモリ	4 GB	6 GB
ハードディスク・ドライブ	500 GB	800 GB
光学ドライブ	DVD スーパー・マルチドライブ	DVD スーパー・マルチドライブ
ディスプレイ	15.6 型ワイド（タッチ操作非対応）	15.6 型ワイド（タッチ操作非対応）
Web カメラ	HD 対応 Web カメラ内蔵（有効画素数 80 万画素）	HD 対応 Web カメラ内蔵（有効画素数 130 万画素）
内蔵無線 LAN	IEEE 802.11a/b/g/n + Bluetooth	IEEE 802.11a/b/g/n + Bluetooth
Office	なし	なし
セキュリティ対応ソフト	マカフィー（90 日体験版）	マカフィー（90 日体験版）
バッテリー駆動時間	約 4.5 時間	約 6 時間
質量	本体 1.5 kg	本体 1.5 kg
保証	引き取り修理サービス 1 年間	引き取り修理サービス 3 年間

実験日時：2014 年 3 月

被験者数：ノートパソコンを半年以内に購入した人または，半年以内に購入予定がある人，合計 388 名[注5]．

実験手順：被験者をランダムに 2 つのグループに分割し，後述する 2 種類の刺激をそれぞれのグループに提示する．さらに，提示されたノートパソコンの主観的性能評価（0～10 点）および WTP を回答してもらう[注6]．

質問項目：グループ 1 に表 4.1A の刺激を提示，グループ 2 に表 4.1B の刺激を提示し，それぞれのグループに対して，提示された 2 つの製品の性能評価（10 点満点）と WTP（千円単位）を回答してもらう．最後に，ノートパソコンに対する関与度を測定するための 3 つの質問に回答してもらう．具体的な質問文は，章末の付属資料に示す．

表 4.1A，B における左側の製品スペックは，実験時点における一般的なスペックであり[注7]，右側はメモリ，ハードディスク・ドライブの容量などのいくつかの属性について，相対的に高品質なスペックとなっている．また，両方のスペックに対応するブランドは，ノーブランドと東芝 dynabook とし，グループ 1 と 2

表 4.1B　グループ 2 に提示した刺激

ブランド	東芝 dynabook	ノーブランド品
OS	Windows 8.1 64 ビット版	Windows 8.1 64 ビット版
CPU	Intel Celeron プロセッサー（2 コア/2 スレッド/2.00 GHz）	Intel Celeron プロセッサー（2 コア/2 スレッド/2.00 GHz）
メモリ	4 GB	6 GB
ハードディスク・ドライブ	500 GB	800 GB
光学ドライブ	DVD スーパー・マルチドライブ	DVD スーパー・マルチドライブ
ディスプレイ	15.6 型ワイド（タッチ操作非対応）	15.6 型ワイド（タッチ操作非対応）
Web カメラ	HD 対応 Web カメラ内蔵（有効画素数 80 万画素）	HD 対応 Web カメラ内蔵（有効画素数 130 万画素）
内蔵無線 LAN	IEEE 802.11a/b/g/n + Bluetooth	IEEE 802.11a/b/g/n + Bluetooth
Office	なし	なし
セキュリティ対応ソフト	マカフィー（90 日体験版）	マカフィー（90 日体験版）
バッテリー駆動時間	約 4.5 時間	約 6 時間
質量	本体 1.5 kg	本体 1.5 kg
保証	引き取り修理サービス 1 年間	引き取り修理サービス 3 年間

で左右を入れ替えている．

　上記の方法に代えて，同じスペックのノーブランド品とブランド品の 2 つを同一被験者に提示して，被験者内比較を行うことも考えられる．ただし，このような比較は被験者がやや不自然に感じると思われ，被験者に実験の意図が伝わることによるバイアスが生じる可能性もある．別の方法として，一方のグループに対してノーブランド品を，他方のグループにブランド品を提示することで被験者間比較を行うやり方も考えられる．この場合には，それぞれの被験者が 1 種類のノートパソコンに関する性能評価と WTP を回答することになり，比較対象がないことによって，スペックの良し悪しの判断がしにくくなってしまう可能性がある．

　上記のことを勘案し，それぞれのグループにスペックの異なる 2 種類のノートパソコンを提示するとともに，ブランドを入れ替えることによって，スペックとブランドとが交絡しないような実験デザインとした．

4.3.2　分析結果

　一般的スペック製品と高品質スペック製品のそれぞれについてノーブランド品と東芝 dynabook ブランドを付与したときの，性能評価（10 点満点）と WTP の

平均値の比較が表 4.2A，B に示される．また，性能評価の相対度数分布が図 4.2A，B に，WTP の相対度数分布が図 4.3A，B に示されている．これらの図表から明らかなように，一般的スペックと高品質スペックの双方ともに，dynabook ブランドを付与することで性能評価と WTP の値が向上している．

表 4.2A　性能評価の平均値の比較

ブランド	一般的スペック	高品質スペック
ノーブランド	5.21	6.87
dynabook	6.08	7.46
差	0.87	0.59

*10 点満点評価の平均値

表 4.2B　WTP の平均値の比較

ブランド	一般的スペック	高品質スペック
ノーブランド	43160	58918
dynabook	61902	66613
差	18742	7695

*単位は円

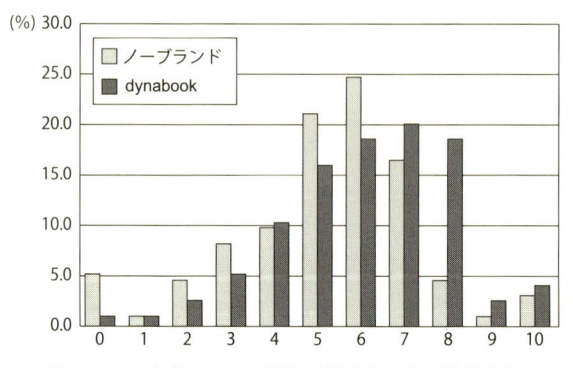

図 4.2A　一般的スペック製品の性能評価の相対度数分布

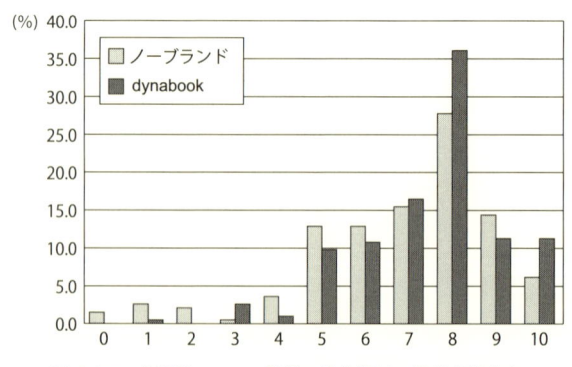

図 4.2B　高品質スペック製品の性能評価の相対度数分布

4.3 実証分析

　両者の差を表 4.2A,B で確認すると,性能評価,WTP ともに一般的スペックの差が高品質スペックの差よりも大きくなっている.この理由には複数のことが考えられる.1つは,性能評価と WTP に関して低い値をつけることに対して,ブランドが下支えの役割を果たしている可能性があるということである.一般的スペックの製品の場合,ノーブランド品では性能評価の平均値が 5.21,WTP の平均が 43160 円と,ほかに比して低い値になっている.一方で,同じ一般的スペックの場合でも,dynabook の値はそれほど低くなっていない.このことは,ブランドによる下支えの効果が働いた結果であると推察することができる.

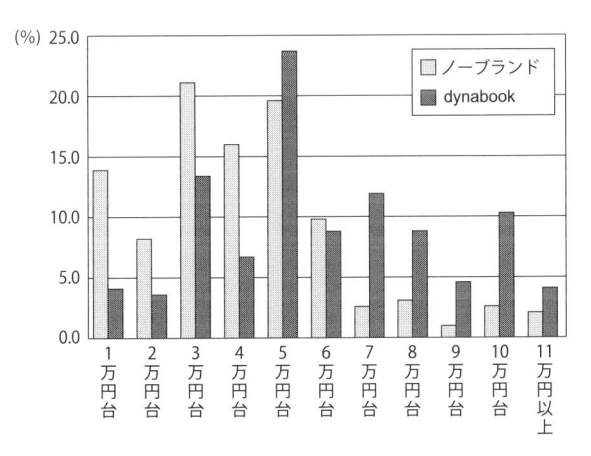

図 4.3A　一般的スペック製品の WTP の相対度数分布

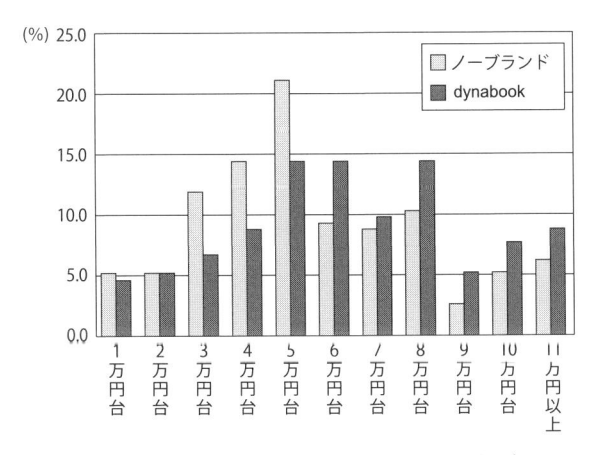

図 4.3B　高品質スペック製品の WTP の相対度数分布

一方で，高品質スペックの場合には，ノーブランド品であっても性能評価とWTPの値が相対的に高い値になっており，dynabookブランドによる下支え効果が発揮される余地があまりない．これらの結果，上述したように一般的スペックではノーブランドとdynabookの差が大きくなり，高品質スペックではそれほど大きな差が生じなかったのではないかと考えられる．

上述したブランドによる下支え効果は，図4.3A, Bに示されるWTPの分布からも読み取ることができる．1〜2万円台というWTPの低いクラスをみると，高品質スペックではノーブランド，dynabookともに小さな構成比となっている．一方で，一般的スペックをみると，ノーブランドではそれぞれのクラスで10%前後の構成比となっているのに対し，dynabookでは5%以下の構成比となっている．このことは，一般的スペックにおいても，ブランドが付与されている場合には低いWTPがつけられにくいことを示している．

一般的スペックの差が大きくなっているもう1つの理由として，被験者の評価順序の影響が考えられる．表4.1Bに示されるように，グループ2の被験者に対しては，左側に一般的スペックのdynabookが提示され，右側に高品質スペックのノーブランド品が提示された．したがって，グループ2の被験者は一般的スペックのdynabookの性能評価を最初に行い，次に高品質スペックのノーブランド品を評価することになる．WTPについても同様の順序である．

このとき，最初に評価する一般的スペックのdynabookに対しては，先述したブランドの下支え効果が働き，性能評価とWTPに関する低い値がつけられにくくなる．そして，その値が基準となって右側の高品質スペックのノーブランド品を評価することになるため，その評価値とWTPの値が相対的に高くつけられやすくなる．その結果，高品質スペックにおいてはノーブランド品とdynabookとの差がつきにくくなったと考えられる．

いずれにしても，上述した差の違いには複合的な要因が働いていると考えられるため，以降では一般的スペックと高品質スペックの差も考慮しながら，先述したブランドによる価値の上乗せ効果と主観的評価の押し上げ効果を検討する．

4.3.3 モデルによる検討

ここでは，スペックの差も考慮しながら性能評価とWTPに与えるブランドの影響力を検討するため，図4.4のようなパス解析モデルを想定する（図では誤差項は省略）．図4.4におけるWTPと性能評価という2つの変数は，先述した方法によってそれぞれの被験者が回答した値で構成される．ブランドは，dynabookの

4.3 実証分析

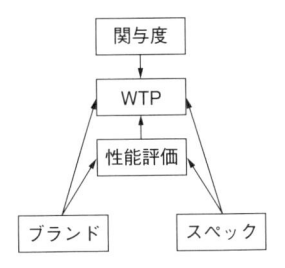

図4.4 ブランドのWTPへの影響を捕捉するためのパス解析モデル

場合に1，ノーブランドの場合に0をとる2値変数，同様にスペックは，高性能スペックのときに1，一般的スペックのときに0をとる2値変数である．関与度は，被験者のノートパソコンに対する関与度に関する3つの質問項目の回答値の平均値である．なお，3つの質問項目で関与度を測定することの是非を検討するため，クロンバックの α を算出したところ $\alpha=0.775$ となり，十分な信頼性を持つ尺度となっていることを確認している．ここで，関与度を変数の1つとして考慮したのは，ノートパソコンのWTPが関与度によって大きく影響を受けることが想定されたためである[注8]．

図4.4のモデルによって，製品スペックの影響を考慮しながら，ブランドが付与されることによるWTPへの直接的影響と，ブランドが性能評価を押し上げることによってWTPを増加させるという間接的効果の双方を把握することが可能となる．

図4.4のモデルに，上述した実験結果のデータを適用して得られた推定結果および適合度指標は表4.3に示される．ブランドのWTPへの影響を表すパス係数は9745であり，このことはdynabookブランドを付与することで同じスペックのノーブランド品に比べて9745円分だけWTPが上乗せされることを意味してい

表4.3 推定結果と適合度

パス		推定値	p 値
スペック →	性能評価	1.521	0.000
ブランド →	性能評価	0.727	0.000
性能評価 →	WTP	4780	0.000
ブランド →	WTP	9745	0.000
関与 →	WTP	−1.656	0.073
スペック →	WTP	2.965	0.173

GFI = 0.999, AGFI = 0.997, CFI = 1.000, RMSEA = 0.000
カイ2乗値 = 1.511, 自由度 = 4, p 値 = 0.825, n = 776

る．また，性能評価のWTPへの影響度は4780となっている．上述したブランドの影響力と比較すると，ブランド付与によるWTPの増分は，性能評価の約2ポイント分に等しいことがわかる（9745÷4780≒2.04）．

ブランドの性能評価への影響を示すパス係数は0.727となっている．このことは，同じスペックの製品にブランドが付与されることによって性能評価が0.727だけ押し上げられることを意味しており，上述したブランドによる主観的評価の押し上げ効果の存在が確認できる．この主観的評価の押し上げ効果によるWTPの増分は3475円となる（0.727×4780≒3475）．

上記のように，ブランドによる価値の上乗せ効果と主観的評価の押し上げ効果という2つのルートによるWTPの増分はそれぞれ9745円と3475円であり，両者の合計が13220円となる．合計に対する寄与率を比較すると，価値の上乗せ効果が約74％，主観的評価の押し上げ効果が約26％となり，全体の増分の約3/4が上乗せ効果によってもたらされていることがわかる．これらの関係は表4.4に整理される．

なお，dynabook全体のWTPの平均値は64258円であり，ブランド付与による増分の13220円はそのうちの約20％に相当する．つまり，dynabookブランドが付与された製品に対するWTPに占める，ブランドによる価格プレミアムの割合が約20％であるということができる．

上述したブランドの影響に対して，スペックが向上することによる性能評価への影響は1.521であり，このことを通じてもたらされるWTPの増分は7270円となる（1.521×4780≒7270）．スペック向上によるWTPへの直接効果は有意ではないため（$p=0.173$），スペック向上によるWTPへの有意な影響は上記の7270円分だと考えられる．このように，ブランド付与によるWTPの増分は，スペック向上による増分を大きく上回っていると考えられる．

表4.4 ブランドによる2つの効果がもたらすWTPの増分と寄与率

効果	金額	寄与率（％）
価値の上乗せ効果	9745円	73.7
主観的評価の押し上げ効果	3475円	26.3
合計	13220円	100.0

4.4 ま と め

　ブランドは，製品そのものに対して付加価値を上乗せする効果と，知覚の歪みをもたらすことを通じて製品特性評価を押し上げる効果の双方を有していると考えられる．本章で説明した実験によって，上記の双方の効果の存在が確認された．また，2つの効果を，WTP の増分に対する寄与率で比較すると，価値の上乗せ効果が約 3/4，評価の押し上げ効果が約 1/4 という結果となった．また，この2つの効果がもたらす価格プレミアム全体が，ブランドを付与した製品に対する WTP の約 20％に相当することも確認された．

　ただし，上述したブランドの効果や寄与率は，対象製品によって大きく異なると思われる．ノートパソコンの場合には，表 4.1 に示したように中核となる製品属性が客観的な数値で表現できるため，ブランドによる主観的評価の差がつきにくいと考えられる．一方では，先述したように，味，香りや手触りの良さなどの製品特性は，そもそも物的属性や客観的な数値と関連づけて判断することが難しく，ほとんどが主観的な評価によるものと考えられる．このような製品特性評価においては，ブランドの影響力がより強くなると思われる．

　また，ノートパソコンの場合には，表 4.1 に示されるような製品属性と関連する機能的価値のウェイトが大きく，ブランド・イメージやデザインなどに影響される情緒的価値は，例えば嗜好品やファッション品などに比べて相対的に小さいウェイトになると考えられる．

　このように考えると，ノートパソコンのような製品カテゴリーにおけるブランドの価格プレミアムは，上記したような製品カテゴリーに比して相対的に小さいのではないかと考えられる．逆に言えば，そのようなカテゴリーであっても，ブランドによる価値の上乗せ効果と評価の押し上げ効果の双方が，WTP を用いることで明確に測定されたということは，本章で説明した実験による大きな発見事項であると考えられる．いずれにしても，WTP を用いて価格プレミアムを測定することは，マーケティング視点によるブランド価値評価の有用な尺度であるということができるだろう．

付属資料：本章の実験で用いられた質問項目

問1　上記の2つのノートパソコンの性能を，あなたはどの程度優れていると思いますか．大変優れている＝10点，大変劣っている＝0点として，それぞれのノートパソコンの性能を10点満点で評価してください．
1. ノーブランド品【　　　】点
2. 東芝 dynabook【　　　】点

問2　それぞれのノートパソコンを，あなたはいくらなら買ってもよいと思いますか．買ってもよいと考える金額を千円単位でお知らせください．
1. ノーブランド品【　　　】000円
2. 東芝 dynabook【　　　】000円

問3　ノートパソコン全般に関する下記の項目に，あなたのお考えがどの程度当てはまるかをお知らせください．（非常にそう思う〜まったくそう思わないまでの7段階）
1. 関心のある製品である
2. 愛着のわく製品である
3. 製品に関する豊富な知識を持っている

■注

(1) このような効果について，Kamakura and Russel (1993) は知覚の歪み (perceptual distortions)，Keller and Lehmann (2006) は知覚バイアス (biased perceptions) と呼んでいる．
(2) 味覚テストなどの際にブランドを提示して行う方法をブランデッド・テストと呼ぶ．
(3) 両者を等しく選好するものがいるため，合計が100にはならない．
(4) このような製品の客観的属性から主観的特性へと導くプロセスを，中西 (1984) は知覚符号化と呼んでいる．
(5) 高品質のブランド品よりも一般的スペックのノーブランドのWTPの値が高いなど，不自然だと考えられる回答をした被験者を除く有効ベース．
(6) WTPに関しては，提示したスペックから考えて現実的とは思えない金額，具体的には1万円未満および20万円超の数値は入力されないような設計とし，もし上記数値が入力された場合には1〜20万円の数値を入力してもらうよう教示した．
(7) カカクコムなどでの売れ筋製品の平均的なスペックを記述した．
(8) 関与度の性能評価への影響を考慮したモデルについても推定を行ったが，適合度とパス係数のp値の双方を判断して図4.4のモデルを採用した．

5. コンジョイント分析を利用したブランド評価

> ・コンジョイント分析は，消費者にとっての，ブランドを含む商品構成要素の価値を明らかにする分析手法である．
> ・コンジョイント分析を活用しブランドを評価することのメリットは，ブランド価値を価格プレミアムという貨幣価値によって評価することができる点にある．
> ・価格プレミアムによるブランド価値評価は単にブランド力の高低を評価するだけでなく，マーケティング展開とブランドを結びつけることができる評価方法である．
> ・コンジョイント分析を活用し，価格プレミアムによりブランドを評価する考え方は，ブランドを重視する近年のマーケティングにおいて，非常に有用性の高いブランド評価方法となっている．

5.1 はじめに

5.1.1 マーケティングにおけるコンジョイント分析の重要性

はじめにマーケティングにおけるコンジョイント分析の重要性について確認したい．

マーケティングの標準的なテキストとなっている『マーケティング・マネジメント』の著者であるコトラーは「商品とは"便益の束"である」と述べている．つまり，商品は消費者に便益をもたらす複数の要素から構成されている．そして，消費者は商品を選択する際にそれらの要素を均等に評価しているわけではない．重視する要素もあれば，そうでない要素もある．企業がマーケティング戦略を構築する際に，消費者は商品のどの要素を重視しているのかを知らなければ，マーケティング戦略の舵取りが誤ったものとなる危険性が高くなるだろう．逆に消費者がどの要素を重視しているかを把握したうえでマーケティング戦略を構築すれば，その成功確率は高まると期待される．このようにマーケティングの成功確率を高めるためには，マーケティング戦略を構築する段階で，消費者が商品を選択する際に，どの要素をどの程度重視しているのかを数値化し，できるだけ正確に把握することが重要となる．そのための分析手法がコンジョイント分析である．

コンジョイント分析は消費者が商品を選択する際に，どの要素をどの程度重視しているのかを数値化する．具体的にはコンジョイント分析では商品の「属性」と「水準」の重要度を数値化する．ここではノートパソコンを例に，この「属性」と「水準」という概念について確認したい．

まず「属性」の概念について確認する．ノートパソコンもやはり便益の束であり，さまざまな便益をもたらす要素が組み合わせられたものである．例えば，ノートパソコンを構成する要素の1つである「CPUのコア数」はその数が大きければ「処理速度の速さ」という便益を消費者にもたらす[注1]．また別の構成要素の1つである「ディスプレイのサイズ」は，そのサイズが大きければ「文字や画像の見やすさ」という便益を消費者にもたらす．このような「CPUのコア数」や「ディスプレイのサイズ」といった商品の構成要素のことを「属性」と呼ぶ．コンジョイント分析では「寄与率」という指標を算出し，消費者がどの属性をどの程度，重視しているのかを把握する．

次に「水準」の概念について確認する．仮に，ある消費者がノートパソコンの属性のうち「ディスプレイのサイズ」を特に重視したとする．ディスプレイを重視したとしても，その消費者は単にサイズができるだけ大きいディスプレイのノートパソコンを好む，ということを意味するわけではない．例えばA5サイズ（約10インチ）の場合は相対的に文字や画像が見えにくく不便を感じ，A4サイズ（約14インチ）の場合は相対的に持ち運びに不便を感じ，双方の間のB5サイズ（約12インチ）がちょうど良いと感じるサイズであった，ということがあり得るだろう．このように「ディスプレイのサイズ」という属性の重要度と「インチ数」という属性の具体的な中身についての重要度は別個のものである．したがって，それらを個々に把握する必要がある．このような属性の具体的な中身のことを「水準」という．そして，コンジョイント分析では「部分効用値」という指標を算出し，消費者がどの水準をどの程度，重視しているのかを把握する．そして，各属性における水準に対応する部分効用値を総合したものを「全体効用値」と呼ぶ．

このようにコンジョイント分析は，商品の属性，水準に対する消費者の重要度を明らかにする．さまざまな要素を組み合わせ便益の束を作り上げる立場にあるマーケティング担当者にとって，重要な分析手法の1つとなっている．

5.1.2 ブランド評価への活用

コンジョイント分析はその重要性の高さから，今日に至るまで多くの研究が蓄積され，さまざまな改善が提案されてきた．また研究にとどまらず，実務におい

ても広く活用されてきた．

コンジョイント分析の最も代表的な活用領域は先述のノートパソコンの例のように，商品に関するものである．そして，商品にとどまらず，価格，流通，広告・プロモーションなど，マーケティングの 4P 全般を策定する際にも活用可能となっている．広告であれば，商品選択に広告がどの程度影響するかを測定することができる．また広告の水準としてテレビ CM に登場するタレントを設定した場合，タレントごとに商品選択に与える影響度を比較することができる．このようにコンジョイント分析は消費者の商品選択に関わるさまざまな属性について測定可能な手法となっている．そして，今日のマーケティングの実務においてよりいっそう測定の重要性が増している要素が「ブランド」である．

ブランドは模倣困難な経営資源として，長期的なブランド育成が多くの企業の経営上の課題となっている．このブランド育成を検討するうえで欠かせないのがブランド評価である．ブランドが持っている価値を時系列的に観測することができなければ，そもそもブランド育成について論じること自体が困難となる．そしてコンジョイント分析はこのブランド評価も活用領域に含めることができる．このような観点から，本章ではこのコンジョイント分析を用いたブランド評価について取り上げる．

はじめにコンジョイント分析に関する基本的な考え方を整理する．次にコンジョイント分析を用いたブランド評価を行う際の利点や課題などについて整理する．最後に Excel を活用したデータ分析事例の紹介を通じて，分析方法やブランド評価方法について確認する．

5.2 コンジョイント分析

5.2.1 多属性態度モデルとコンジョイント分析

前節で，コンジョイント分析は商品の属性，水準の重要度を測定する手法であると述べた．商品の属性，水準の重要度を測定しようとするとき，最も単純な方法は，おそらく，アンケートなどを通じて，消費者にその重要度を直接聞く方法だろう．しかし，コンジョイント分析では基本的には消費者に直接重要度を聞くことをしない．なぜそのようなアプローチをとるのか？ そして，なぜそのようなアプローチをとるコンジョイント分析がマーケティングにおける重要な分析として高く評価されてきたのか？ その理由をコンジョイント分析の背景にある考え方を交えて整理したい．

5. コンジョイント分析を利用したブランド評価

コンジョイント分析は Luce and Tukey (1964) によって提案された．この手法がさまざまな分析手法の中でどのような位置づけにあるかを知るために「補償型モデル」「非補償型モデル」について整理したい．補償型モデルとは，消費者は商品を評価するときに，ある属性に対する評価を，別の属性の評価で補っている，と仮定するモデルである．例えば，消費者が商品のある属性，例えばある消費者が選択候補のノートパソコンについて「ディスプレイのサイズ」を大きすぎるなどの理由で低く評価していたとする．このとき，別の属性を高く評価していれば，「ディスプレイのサイズ」という属性に対する低い評価を補うことができると考える．一方，非補償型モデルとは，消費者は商品を評価するときに，ある属性に対する評価を，別の属性の評価で補わない，と仮定するモデルである．先ほどの例で言えば，消費者がノートパソコンの「ディスプレイのサイズ」という属性を低く評価し，その評価が選択してもよいと考える基準を満たしていなかったとする．このとき，別の属性に対する評価が高かったとしても，「ディスプレイのサイズ」に対する評価が基準を満たしていないので，その商品を選択することはないと考える．消費者の選択行動を説明するモデルの多くは，この「補償型モデル」か「非補償型モデル」のどちらかに属することになるが，コンジョイント分析は基本的に「補償型モデル」に属する分析手法となっている．

コンジョイント分析が属する補償型モデルの基礎となる考え方は Fishbein (1967) の多属性態度モデルである．必然的にコンジョイント分析のベースとなる考え方も多属性態度モデルと密接に連関する．そこでコンジョイント分析の特徴を知るうえで重要な概念となるためここでいったん，多属性態度モデルについて整理する[注2]．そのうえで，コンジョイント分析の特徴を整理する．

多属性態度モデルでは，商品に対する態度 A は，k 個の属性に対する評価 P と重要度 I の積和で決まるとされる ((5.1)式)．

$$A = \sum_k P_k I_k \tag{5.1}$$

わかりやすさのために，例としてノートパソコンを選択する場面を想定して多属性態度モデルの考え方を整理しよう．ある消費者は「CPU のコア数」と「ディスプレイのサイズ」の2個の属性のみを評価対象にしていたとする．このとき，ある消費者は，購入候補ノートパソコン X について CPU のコア数に対する評価が希望と一致しており，評価は10点満点中10点であったとする．しかしディスプレイのサイズは希望と合わず評価は10点満点中5点であったとする．もう1つの購入候補ノートパソコン Y は CPU のコア数に対する評価は10点満点中5点，

ディスプレイのサイズに対する評価は10点満点中10点であったとする．また各属性に対する重要度はCPUのコア数0.3，ディスプレイのサイズ0.7だったとする．この状況のとき，多属性態度モデルでは各候補に対する評価は，各属性に対する評価と重要度の積和となるため，候補Xが6.5（＝0.3×10＋0.7×5），候補Yが8.5（＝0.3×5＋0.7×10）となり，候補Yに対する評価の方が総合的に高いという結果になる．

　各属性に対する評価と重要度の積和で商品に対する評価が決まるとする多属性態度モデルはシンプルで，わかりやすいモデルであるが，1つの大きな問題を抱えている．それは重要度Iをどのように測定するか，である．先述のように最も単純な方法は消費者に調査を通じて重要度Iを自己申告してもらう方法である．しかしDay（1972）は消費者が自己申告するのは現実と乖離しており，この方法には無理があると指摘している．自分の身に置き換えたとき，いくつかの候補の中から，自分が最も良いと思うノートパソコンを選ぶことはできたとしても，その各属性に対する重要度や，水準に対する評価がいくつであるかを，再現性を持って正確にその数値を答えるのは困難であろう．消費者は日頃の商品購入の際に，いくつかの候補の中から少なくとも1つの商品を選択し，購入している．つまり1つの商品を選択できるということは候補に順位をつけ，最も順位が高い候補を選んでいることを意味している．したがって，候補に対する順位づけをすることは日頃の商品選択に類似しており，購買行動の延長として答えることができる．しかし，選択の背後に属性に対する重要度や評価があったとしても，その数値を消費者自身が日頃の買い物時に算出したうえで，順位づけをしているわけではない．したがって属性に対する重要度を消費者自身が数値として正確に答えることは，日頃の購買行動の延長線上にないため困難となる．

　以上のように単純な消費者の自己申告による重要度の測定には大きな問題がある．一方，コンジョイント分析では，消費者の自己申告ではなく，消費者の商品に対する選好の順序を調査し，その順序を再現するように属性や水準の重要度を推定する．

5.2.2　コンジョイント分析の考え方

　次に，コンジョイント分析では，商品の属性や水準の重要度をどのように推定するかを整理する．

　コンジョイント分析における基礎的な研究であるKruskal（1965）によるMONANOVAでは，選好順序と商品デザインの関係は

$$m(y) = z \cong \hat{z} = Db \tag{5.2}$$

のようにモデル化される.

ただし, y を対象商品 i の選好ベクトル, $m(y) = z$ を単調変換された選好順序ベクトル, $\hat{z}$ を全体効用ベクトル, D を商品の属性ごとの水準を表すフラグ型のデザイン行列, b をパラメータベクトルとする. このとき, 調査によって収集された選好順序が再現されるように最急降下法によってパラメータを求める. そして, このパラメータは先述した水準の部分効用値に対応する.

(5.2)式, および MONANOVA のパラメータ推定の考え方について, わかりやすさのためにノートパソコンを選択する場面を想定して整理しよう. ここに 3 つの対象商品があり, それぞれ商品 1, 商品 2, 商品 3 とする. それぞれの商品は CPU のコア数, ディスプレイのサイズの 2 属性を有する. 商品 1 は [コア数 3, B5 サイズ], 商品 2 は [コア数 5, B5 サイズ], 商品 3 は [コア数 5, A5 サイズ] とする. このとき, 商品の各水準を 0-1 のフラグ型変数に変換し, CPU のコアは [コア数 3 を 0, コア数 5 を 1] とする. またディスプレイのサイズは [B5 サイズを 0, A4 サイズを 1] とする. 以上の状況で各商品の全体効用値は

$$y_1 = b_1 \times 0 + b_2 \times 0$$
$$y_2 = b_1 \times 1 + b_2 \times 0$$
$$y_3 = b_1 \times 1 + b_2 \times 1$$

のように表すことができる. ただし b_1 は CPU のコア数のパラメータであり, コア数 5 の部分効用値である. このときフラグ化の際に 0 を割り当てたコア数 3 の水準の部分効用値は 0 となる. また推定された b_2 はディスプレイのサイズのパラメータであり, A4 サイズの部分効用値である. CPU のコア数と同様に B5 サイズの水準に対する部分効用値は 0 となる. このとき, ある消費者の y_1, y_2, y_3 の選好度の値が 0, 10, 5 だったとき, 単調変換により 1, 3, 2 (ただし 3 が最も選好順位が高い) と大小関係が変わらないように順序化する. そして, その順位が再現されるような b_1, b_2 を推定する. つまり MONANOVA を用いたコンジョイント分析では最終的には順序化された選好度を用いて推定を行うため, 選好度の値ではなく, 選好順序さえわかれば分析が実施可能になる.

消費者自身が商品を選択する際に, 商品に対する選好度 (コンジョイント分析における全体効用値) や, 商品の水準に対する重要度 (部分効用値) を感覚的に持っていたとしても, その感覚を数値で自覚し, 正確に自己申告するのはどの消費者にとっても困難であろう. もし数値を聞き出したとしてもその数値の正確性は疑わしく, かえってマーケティングの現場に混乱を招く危険性が高い. 一方で,

商品に対する選好順序を回答することは，現実の商品選択の延長線上にあり，適切に調査を実施すれば実際の消費者の選択行動の背後にあるメカニズムに迫ることができる．このように，MONANOVAを用いたコンジョイント分析では，多属性態度モデルにおける属性の重要度をより無理のない調査方法により測定可能にするという利点を有する．

5.2.3 調査方法

　ここまでで，コンジョイント分析は消費者に対し，商品に対する選好順位を調査し，その選好順位を再現するようなパラメータを推定する分析であることを述べた．本項ではコンジョイント分析における消費者調査の方法について整理する．

　コンジョイント分析では前項で説明したように，商品の選好順位を被説明変数，商品の属性ごとの水準を表すフラグ型のデザイン行列を説明変数とする．

　被説明変数にあたる商品の選好順位は，商品コンセプト（商品の属性ごとの各水準の内容）に対する順位を消費者に回答してもらう形で収集する．この商品コンセプトを作成する前に，調査対象となる商品の属性と水準を設定する必要がある．一般にグループ・インタビューなどの定性調査が実施され，属性と水準が設定される．

　商品コンセプトの作成方法は，朝野（2004）によれば現実商品法，要因配置法，折衷法がある．それぞれの特徴は次のとおりである．

　現実商品法は実在する既存商品のコンセプトを消費者に提示する方法である．しかし，この方法にはいくつかの問題がある．まず既存製品の範囲を超えた水準の部分効用値が得られない．新商品の開発時など従来の範囲を超える水準について把握が必要なとき，この点は大きな問題となる．また交絡がある（つまり，属性間に強い相関がある）場合に，多重共線性が起きる危険性があり，パラメータの推定精度に問題が発生する．例えば，ノートパソコンの商品コンセプトのすべてがCPUのコア数3，ディスプレイのサイズがB5サイズの組合せだとしたら，どちらの属性が選択肢に影響を与えているのかが識別できなくなる．仮に，どちらかの水準が選択に強い影響を与えていたとしても多重共線性により，パラメータの値が極端に小さくなる，もしくは現実とは大きく異なるパラメータの値を示すなどの問題が発生する．

　要因配置法では，属性間の相関が生じないように実験計画法を利用して，仮想のコンセプトを作成する．想定する属性・水準の総当たりでコンセプトを作成した場合，コンセプト数が膨大になってしまう．例えば，属性が7つあり，各属性

表5.1 L8直交表とL9直交表

No.	1	2	3	4	5	6	7
1	1	1	1	1	1	1	1
2	1	1	1	2	2	2	2
3	1	2	2	1	1	2	2
4	1	2	2	2	2	1	1
5	2	1	2	1	2	1	2
6	2	1	2	2	1	2	1
7	2	2	1	1	2	2	1
8	2	2	1	2	1	1	2

No.	1	2	3	4
1	1	1	1	1
2	1	2	2	2
3	1	3	3	3
4	2	1	2	3
5	2	2	3	1
6	2	3	1	2
7	3	1	3	2
8	3	2	1	3
9	3	3	2	1

が2水準の場合，2の7乗にあたる128個のコンセプトが作成される．この中から1位から上位数商品くらいまでは辛うじて順位づけすることは可能かもわからないが10位以降の商品を正確に順位づけすることは不可能であろう．そこで，直交配列表を利用し，コンセプト数を削減する．直交とは，2変数が独立であることを意味する．直交配列表は変数間に相関が発生しないように組まれており，現実商品法で起こるような交絡を回避しつつ，複数属性における水準の部分効用値を推定できるようになる．直交配列表の例は表5.1である．直交配列表の表側はプロファイル番号，表頭は属性番号，表中の数字は水準番号がそれぞれ対応する．左の表がL8直交表，右の表がL9直交表と呼ばれる．このL8直交表は7属性2水準に対応したものであり，総当たりであれば128個のコンセプトが必要になるところを8個におさえることができる．またL9直交表は4属性3水準に対応したものであり，総当たりであれば64個のコンセプトが必要になるところを9個におさえることができる．このように要因配置法はコンセプト数をおさえつつ，変数間の交絡を回避することができる．ただし，水準の組合せによっては最も性能が高いにもかかわらず最も価格が安い，といった非現実的なコンセプトが生じる場合があり，その点が問題点として指摘されることがある．

折衷法は現実商品法と要因配置法の中間的な方法である．例えば直交配列によるコンセプト作成を行い実現不可能な水準が組み合わさったコンセプトを取り除く，または既存製品のコンセプトの中に，直交配列により作成したコンセプトを追加する方法である．ただし，パラメータの推定精度は落ちる．

5.2.4 推定方法

ここではコンジョイント分析の被説明変数をどのように収集すべきかについて

整理する．

　コンジョイント分析は MONANOVA によって代表されるように，基本的には調査によって収集されたコンセプトの選好順序を被説明変数としている．しかしながら近年はさまざまな収集方法が開発され，収集方法に対応してパラメータ推定方法が開発されている．その方法には評点法，順位法，一対比較法，選択法がある (Green et al., 2001；朝野, 2004)．

　評点法では，コンセプトに対する選好得点を回答してもらう．消費者にとっては最も負担が大きく，そもそも選好得点を正確に答えるのが困難であるために，選好順位などを用いたコンジョイント分析が本来持ち得る特性を失っている．ただし，収集されたデータは量的尺度のデータであり，Excel など多くの統計ソフトウェアに搭載されている最小二乗法による推定が統計学上の理論的整合性を失することなく可能になるというメリットがある．

　順位法はコンセプトごとの選好順序を回答してもらうというコンジョイント分析の基本的な調査手法である．推定には先述の MONANOVA のほかに最小二乗法が用いられる．選好順序は順序尺度のデータであり，統計学上の理論的整合性の観点からは，選好順序を被説明変数とする最小二乗法による推定は必ずしも望ましくない．ただし，萩生田・繁桝 (1996) などでは，カテゴリー数が4以上の順序変数については一般的に連続変数とみなして分析を行ってもよいとされており，決定的な問題とは言えない．評点法に比して調査対象者の負担が少なく，かつコンジョイント分析本来の考え方に反しない範囲で，汎用性の高い最小二乗法による推定が可能である点は総合的にみてメリットが優ると思われる．

　一対比較法では消費者に2つのコンセプトを提示し，どちらのコンセプトの方が好ましいかを繰り返し回答してもらい，選好順位を求める．1回1回の回答者負担が少なくて済むが，その分，対象商品数が多い場合，回答回数が膨大になる．パラメータ推定のアルゴリズムとしては前述の MONANOVA や TRADEOFF (Johnson, 1974)，LINMAP (Srinivasan and Shocker, 1973) などがある．

　選択法はコンセプトの中から消費者にとって最も好ましいものを選択してもらう方法である．この方法は最も消費者の日常の購買行動に近く，最も消費者の負担が少ない．選択法の結果は多項ロジット・モデルによってパラメータが推定される．しかしながら，従来行われていた最尤法を用いたパラメータ推定値は，データ全体の推定値であり，個人ごとの推定値を得るのが困難であった．しかし近年では，階層ベイズ法による推定が行われるようになり，個人レベルでの推定も可能になっている．また Lenk et al. (1996) による研究のように，少ないコンセ

プト数で安定した推定結果を得られることが確認されている．

またこの選択法と順位法の中間的な手法としてランク・ロジット法がある．ランク・ロジット法順位データから選択データを作成する．その結果を，多項ロジット・モデルにより分析を行う．

近年は以上のような被説明変数にあたるコンセプトに対する選好データ以外に，自己申告によっては属性の重要度をあわせて調査するハイブリッド・コンジョイント分析手法が登場している．例えば Allenby et al. (1995) では自己申告で得られた順序情報を部分効用値の推定時に順序制約として利用している．ただし，いずれも自己申告の限界を克服するコンジョイント分析のメリットを失っている点に注意が必要である．

5.3 ブランド評価の概要

5.3.1 評価指標の重要性

先述のようにブランド育成は企業の重要課題の1つとなっている．それは顧客との強い関係性を保持するブランドは，企業の市場における長期的な競争優位を確立する可能性を高めるためである．このブランド育成を検討するうえで，ブランドの価値を適切に評価する指標を欠かすことはできない．例えばダイエットを行う際には，体重，BMI，体脂肪率，腹囲，血液中の中性脂肪といった肥満状況を評価する指標が必要となる．それらの指標がなければ現状把握をすることもできず，そもそも減量が必要であるか否かといった問題把握すらできない．また課題があるとわかっていたとしても，目標の設定，目標への到達状況，食事療法や運動療法などの減量施策の効果などを把握することもできず，効率的に目標達成を実現するのは困難となるであろう．Plan-Do-See サイクルの回転には評価指標が必要であり，効率的なブランド育成のためにはブランド評価指標が必要となる．

ブランド価値の評価はその重要性の高さから多くの方法が提案されている[注3]．それらの方法は小川 (2009) などをはじめ，多くの研究者によって概ね「財務的な視点による評価」「顧客視点による評価」に分類されることが多い．

5.3.2 財務的な視点による評価

まずは財務的な視点によるブランド評価の意義について確認したい．1980年代，ブランドが有する資産的な価値を財務的に評価するブランド・エクイティの概念が登場し，Simon and Sullivan (1993) を代表とするいくつかの評価方法が提案さ

れた.なおブランドが有する資産的価値とは,主に評価対象ブランドが商品につくことで将来にもたらされる増分キャッシュ・フローの割引現在価値と定義される.このようなブランド・エクイティを含む財務的な視点によるブランド評価の意義は,守口（1996）が指摘するように,無形であるブランドの価値を貨幣価値というほかの資産と比較可能かつ客観的な評価指標で表した点にある.貨幣価値によって評価されたブランド価値指標は,ブランド育成に対する投資と,ほかのマーケティング手段に対する投資を同一の尺度で評価することができ（守口,1996）,企業にとって大きなメリットがある.

5.3.3 顧客視点による評価

顧客視点によるブランド評価は,ブランド全体での価値を評価する以外にも,ブランド価値の中身に踏み込んで評価を行う場合がある.具体的には,ブランド・エクイティに関する標準的なテキストであるAaker（1991）で取り上げられた要素には,ブランド・ロイヤルティ,ブランド認知,知覚品質,ブランド連想,マーケティング・プログラムの効率性・有効性,プレミアム価格,ブランド拡張の可能性などがある.これらの要素に関する評価方法はさらに「調査データに基づく評価」と「行動データに基づく評価」に分類できる（例えば青木（1996）などにおいても同様の分類がなされている）.

行動データに基づく評価は,スキャナー・パネル・データ（もしくはFSPデータ）,POSデータなどを活用して,消費者の選択行動の結果からブランド価値を構成する要素やブランド全体の価値を評価するものである.具体的な方法としては線形モデル,指数モデル,積乗型モデル,MCIなどのプロモーション効果分析のモデルをPOSデータに適用し,定数項をブランド力として評価する.定数項は価格や店頭プロモーション,広告などの各種マーケティング活動が売上に与える影響を取り除いた,売上のベースラインに相当するものであり,この数値をブランド固有の価値と評価することができる.また同様の考え方でGuadagni and Little（1983）やKamakura and Russell（1993）などでは,多項ロジット・モデルをスキャナー・パネル・データに適用し,推定された定数項によりブランド力を評価する.これらの評価方法では,ブランド価値に関する要素のうち,ブランド連想,ブランド・イメージなどの,純粋に消費者の知覚や態度に依拠する指標に関しては当然評価することはできない.しかし,消費者の選択という,マーケティングにおける重要なゴールの1つとなる変数により直接的にブランド価値を評価することで,消費者の知覚や態度よりも説得力の高い評価指標を得ることが

できる点が行動データに基づく評価の意義と言えよう．

調査データに基づく評価は，主に消費者がブランドに対する知覚や態度からその価値を評価するものである．例えば Aaker（1997）はブランド・イメージを人的な性格に置き換えて把握する「ブランド・パーソナリティ」の概念を提唱し，ブランドに対するイメージは誠実（sincerity），刺激（excitement），能力（competence），洗練（sophistication），素朴（ruggedness）の5要素で構成されるという結果を得ている．調査データに基づく評価の意義について Sriram et al. (2007) は，消費者に対するブランド価値について懸念を抱えているマーケティング・マネージャーに洞察と原因分析の機会を提供する点にあるとしている．財務視点による評価はあくまでも各種マーケティング活動の結果としてブランド全体に対する評価となる．しかし，ブランドの価値を構成する要素は多様であるため，各種マーケティング活動が結果として，ブランドのどの要素に影響を与えているかはブランド全体に対する評価では明らかにならない．一方，消費者調査を用いた評価手法はブランド価値の中身に踏み込んで評価を行う点にメリットがある．また行動データは近年，FSP データを収集する小売業が増えているとはいえ，データの入手自体は容易ではない．またその取扱いも調査データに比して難易度が高い．加えて，これらの行動データの大半は消費財カテゴリーのものであり，耐久財などの商品カテゴリーの場合，そもそも行動データ自体がない場合もある．行動データによる評価と比較した場合，調査データは比較的取り扱いやすくデータも入手しやすいというメリットがある．また，本章で取り上げるコンジョイント分析を活用したブランド評価も当該手法に含まれ，主要な研究として Park and Srinivasan（1994），Lee et al.（1996）などがある．

5.4 コンジョイント分析を用いたブランド評価

5.4.1 価格プレミアムによるブランド評価

コンジョイント分析を用いたブランド評価は，前節で述べたいくつかのブランド評価方法のうち，調査に基づく評価方法に属する．調査実施の際に調査対象の属性に「ブランド」を加えることで，水準に設定されたブランドごとに消費者の選択に与える影響度を測定することができる．コンジョイント分析を活用することによって，選択に与える影響度という形でいったんはブランド価値の大小を評価することができる．ただし，このような評価方法はコンジョイント分析によるブランド評価が持つ可能性を十分に活かしているとは言いがたい．コンジョイン

ト分析によるブランド評価では，ブランドごとの部分効用値を算出するだけではなく，価格プレミアムを算出することで，よりいっそうその有用性を高めることができる．

　価格プレミアムとは，あるブランドの商品に対して，同程度の機能を持つほかのブランドの商品よりも追加で払ってもよいと思う金額のことをいう．その金額が大きいほど，ブランド価値が高く，また高いマージンが期待できる．価格プレミアムの測定方法には，直接ブランド・ネームに対していくら払えるかを調査する方法と，コンジョイント分析による方法（Aaker, 1991）がある．また，守口（1996）による項目反応理論を活用した分析などがある．この価格プレミアムは，消費者からブランド価値を貨幣価値で測定するという意味で，財務的なブランド評価と顧客視点のブランド評価を結びつけるものと位置づけられる（守口，1996）．このようにコンジョイント分析によるブランド評価は財務的視点によるブランド評価のメリットである，貨幣価値によるブランド測定というメリットを持ちあわせている．

　またコンジョイント分析は，先述のように自己申告に比べて，実際の選択に近い調査を実施する．厳密には金銭の支払いが伴う選択とは異なり，またあくまで調査票上の結果ではあるが，消費者調査の中では消費者の選択に近い調査となっている．このように知覚や態度ではなく，マーケティングのゴールの1つである選択の場面を想定した結果である点も，コンジョイント分析を活用するメリットである．

　このようにいくつかの点でほかの評価方法が持つ好ましい要素を持ちあわせている．次にこのコンジョイント分析を活用したブランド評価の流れについて，分析事例を交えて説明したい．

5.4.2 分析事例

　分析事例ではノートパソコンを取り上げる．

　商品コンセプトの作成は現実商品法，要因配置法，折衷法のうち，パラメータ推定結果が安定しやすい要因配置法を採用する．L9直交表を採用し，4属性3水準を設定する．

　4属性は①メーカー/ブランド，②CPUコア数，③サイズ，④価格とした．水準は表5.2，9つのコンセプトは表5.3のとおりである．

　これらの設定に基づき，作成した調査票が図5.1である．なお図5.1のメーカー/ブランドの水準はいずれもマスク名称であり，調査に利用した調査票には実際

5. コンジョイント分析を利用したブランド評価

表5.2 属性・水準

	水準1	水準2	水準3
①メーカー/ブランド	米国メーカー・ブランドI	国内メーカー・ブランドJ	台湾メーカー・ブランドK
②CPU コア数	コア数7	コア数5	コア数3
③サイズ	A5サイズ	B5サイズ	A4サイズ
④価格	5万円	8万円	11万円

「ノートパソコンに関する調査のお願い」

2－3分程度で終わる簡単な調査です
結果は匿名で処理され，教育・研究活動で活用します
是非ご協力ください（連絡先：000-000-0000 XX学部YY研究室）

・移動中や出張などで頻繁に携帯することを想定し「購入してみたい」と思う順に
　1位から9位までノートパソコンに順位をつけて下さい

・下記の①から④は
　①メーカー・ブランド
　②CPU コア数
　③サイズ
　④価格
を指しています

回答欄 ↓

①米国メーカー・ブランドI ②CPU コア数7 ③A5サイズ ④11万円 →＿＿＿位	①国内メーカー・ブランドJ ②CPU コア数7 ③B5サイズ ④5万円 →＿＿＿位	①台湾メーカー・ブランドK ②CPU コア数7 ③A4サイズ ④8万円 →＿＿＿位
①米国メーカー・ブランドI ②CPU コア数5 ③B5サイズ ④8万円 →＿＿＿位	①国内メーカー・ブランドJ ②CPU コア数5 ③A4サイズ ④11万円 →＿＿＿位	①台湾メーカー・ブランドK ②CPU コア数5 ③A5サイズ ④5万円 →＿＿＿位
①米国メーカー・ブランドI ②CPU コア数3 ③A4サイズ ④5万円 →＿＿＿位	①国内メーカー・ブランドJ ②CPU コア数3 ③A5サイズ ④8万円 →＿＿＿位	①台湾メーカー・ブランドK ②CPU コア数3 ③B5サイズ ④11万円 →＿＿＿位

調査は以上です
ご協力ありがとうございました

図5.1 調査票（マスク済み）

5.4 コンジョイント分析を用いたブランド評価

表 5.3 商品コンセプト

コンセプト番号	①メーカー・ブランド	②CPU コア数	③サイズ	④価格
1	米国メーカー・ブランド I	CPU コア数 7	A5 サイズ	11 万円
2	米国メーカー・ブランド I	CPU コア数 5	B5 サイズ	8 万円
3	米国メーカー・ブランド I	CPU コア数 3	A4 サイズ	5 万円
4	国内メーカー・ブランド J	CPU コア数 7	B5 サイズ	5 万円
5	国内メーカー・ブランド J	CPU コア数 5	A4 サイズ	11 万円
6	国内メーカー・ブランド J	CPU コア数 3	A5 サイズ	8 万円
7	台湾メーカー・ブランド K	CPU コア数 7	A4 サイズ	8 万円
8	台湾メーカー・ブランド K	CPU コア数 5	A5 サイズ	5 万円
9	台湾メーカー・ブランド K	CPU コア数 3	B5 サイズ	11 万円

のメーカー名，ブランド名，ブランド・ロゴ，挿絵を記載した．また CPU コア数も実際の CPU メーカー名称を記載した．

調査は，首都圏のある大学の教職員を対象に集合調査で実施した．サンプルサイズは 9 である．なお，分析結果の解釈のしやすさのために，外れ値などの数値を一部変更している．

また，推定方法は多くの読者にとって利用しやすい Excel で分析が可能な最小二乗法を採用する．選好順位は 1 位が 9，9 位が 1 になるように反転させている．その反転した変数を被説明変数に，その他の各水準を説明変数として 9 名分のデータを用いて回帰分析を実施する．ただし，説明変数の各水準のうち，第 3 水準を 0 と設定しているため，分析実行時に利用する変数は各属性の第 1，第 2 水準である．推定に利用したデータは章末の付属資料を参照のこと．

5.4.3 分析結果

Excel の「データ分析」を利用して回帰分析を行った結果は表 5.4 である．

R^2 値は 0.353 であり，コンジョイント分析の結果としては標準的な適合度と評価できる．

次にこれらの結果を加工し，属性の寄与率と水準の部分効用値を算出する．

寄与率は次のように 3 段階で算出する．まず，1) 各属性のレンジ（当該属性における係数の最大値から最小値を引いた数値）を算出する．

$$range_z = \max_s \{\beta_{zs}\} - \min_s \{\beta_{zs}\}$$

ここで z は属性番号，s は属性 z の水準番号，β は回帰係数を表す．

次に 2) 算出した各属性のレンジを合計する．

$$sum\ range = \sum_z range_z$$

そのうえで，3)このとき，属性 z の寄与率は属性 z のレンジを全属性のレンジ合計値で割った数値となる．

$$\frac{range_z}{sum\ range}$$

この寄与率により属性が選択に与える影響の度合いを評価することができる．

以上の算出方法に基づき，表5.4の回帰係数から求めた寄与率は表5.5となる．メーカー/ブランド，サイズ，価格が同程度に重視されていることが確認できる．

次に，部分効用値を求める．回帰分析の係数は分析事例の場合，水準3を0に設定している．たまたま設定された水準3を0にしたのでは属性間の比較がしに

表5.4 回帰分析結果

回帰統計	
重相関 R	0.595
重決定 R^2	0.353
補正 R^2	0.282
標準誤差	2.202
観測数	81

分散分析表

	自由度	変動	分散	観測された分散比	有意 F
回帰	8	190.889	23.861	4.921	0.000
残差	72	349.111	4.849		
合計	80	540			

	係数	標準誤差	t	P 値	下限 95%	上限 95%	下限 95.0%	上限 95.0%
切片	1.889	0.734	2.573	0.012	0.426	3.352	0.426	3.352
米国メーカー・ブランドI	−0.370	0.599	−0.618	0.539	−1.565	0.824	−1.565	0.824
国内メーカー・ブランドJ	1.481	0.599	2.472	0.016	0.287	2.676	0.287	2.676
コア数7	0.481	0.599	0.803	0.424	−0.713	1.676	−0.713	1.676
コア数5	0.407	0.599	0.680	0.499	−0.787	1.602	−0.787	1.602
A5サイズ	2.333	0.599	3.893	0.000	1.139	3.528	1.139	3.528
B5サイズ	1.444	0.599	2.410	0.018	0.250	2.639	0.250	2.639
5万円	2.037	0.599	3.399	0.001	0.842	3.232	0.842	3.232
8万円	1.519	0.599	2.534	0.013	0.324	2.713	0.324	2.713

5.4 コンジョイント分析を用いたブランド評価

くい．そこで，属性内の部分効用値の平均を 0 に設定し，各係数の値から，当該属性の係数平均値を引いて部分効用値を算出する．例えば属性 z の水準 1 の部分効用値は次式のように算出される．

$$\beta_{z1} - \frac{\sum_s \beta_{zs}}{n_z}$$

なお，n は属性 z の水準数である．

表 5.4 の回帰係数から求めた水準の部分効用値は図 5.2 のとおりである．

最後にこの結果から，価格プレミアムを評価してみたい．

まず部分効用値から 3 ブランドのうち国内メーカー・ブランド J が消費者から

表 5.5 寄与率

	レンジ	寄与率
メーカー/ブランド	1.852	0.276
コア数	0.481	0.072
サイズ	2.333	0.348
価格	2.037	0.304
合計	6.704	1.000

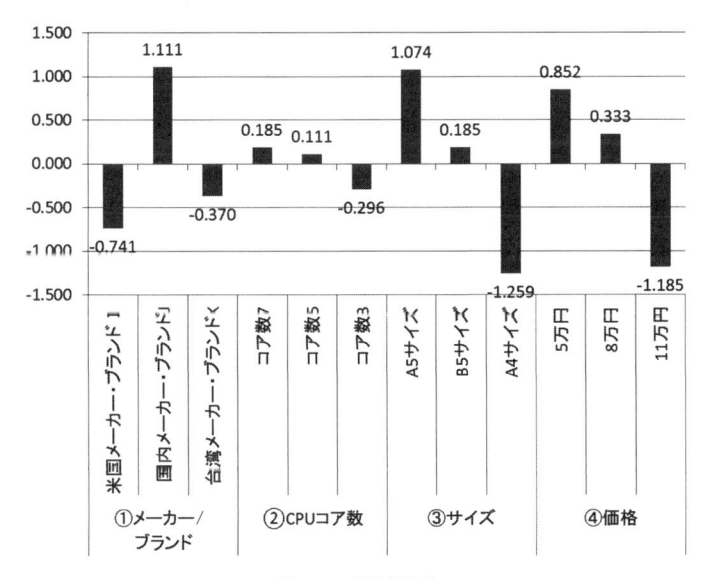

図 5.2 部分効用値

みて最もブランド力が高く，台湾メーカー・ブランドK，米国メーカー・ブランドIが続いていることがわかる．マーケティング担当者が，ブランド育成の状況を把握するために，経時的にブランドの価値を把握する必要があればブランドの部分効用値を利用すればよいだろう．ただし先述のように，価格プレミアムによってブランドの価値を評価することで，より踏み込んだマーケティング上の意思決定に結びつけることができる．

まず事例の場合，水準中の最大価格11万円と最小価格5万円の差額が6万円であり，それぞれの部分効用値の差は2.037である．つまり部分効用値の差2.037は6万円分の価値を有していると評価できる．このときブランドJとブランドIの効用値の差は1.852である．つまり，6万円には至らないが，ブランドIに対してブランドJは6万円に近い価格プレミアムを有していることになる．より具体的な価格プレミアムの額は次式により算出することができる[注4]．

$$(最大価格 - 最小価格) \times \frac{(評価対象ブランドの部分効用値 - 比較対象ブランドの部分効用値)}{(最小価格の部分効用値 - 最大価格の部分効用値)}$$

事例のブランドIを基準とするブランドJの価格プレミアムを算出する．最小価格と最大価格の部分効用値の差が2.037，ブランドJとブランドIの部分効用値の差は1.852である．その比を求め，6万円に掛けることで価格プレミアムを算出することができる．

$$60000 円 \times \frac{1.852}{2.037}$$

結果，ブランドIを基準とするブランドJの価格プレミアムは54550円となる．また同様の手順で計算した結果，ブランドKを基準とするブランドJの価格プレミアムは43636円となる．つまりブランドI，J，Kの性能が同じであったとしても，ブランドJはブランドIよりも5万円強高くとも，ブランドKに対して4万円強高くとも，消費者に対して同じ程度の魅力度で評価されることになる．もしくは，ブランドJの商品のスペックや価格設定がブランドI，Kに対して劣勢にあったとしても，ブランド力によって挽回する力を持っていることがわかる．恐らくはノートPCは比較的長期間利用する商品であり，故障やデータ消失などが与える影響が非常に大きい機器であるため，高い信頼度が世界的に評価されている国内メーカーのブランドに対する評価が高くなっているものと思われる．

逆にブランド価値の面で劣勢にあるブランドも，同様の算出方法で，製品の機能が持つ貨幣価値を評価し，ブランド価値の不利を克服するためにどのような製

品設計や価格設定を行うべきかを知ることができる．

5.5 ま と め

　商品は"便益の束"であり，さまざまな要素によって構成される．効果的なマーケティングを展開するためには，それらの要素が消費者の選択にどのように影響を与えているかを知る必要がある．また商品を構成する要素のうちブランドは消費者の選択に強く影響を与える要素となっている．コンジョイント分析はブランドを含むそれらの商品構成要素の消費者にとっての価値を明らかにする分析手法である．

　コンジョイント分析を活用しブランドを評価することのメリットは，ブランド価値を価格プレミアムという貨幣価値によって評価することができる点にある．価格プレミアムによるブランド価値評価は単にブランド力の高低を評価するだけでなく，マーケティング展開とブランドを結びつけることができる評価方法である．コンジョイント分析を活用し，価格プレミアムによりブランドを評価する考え方は，ブランドを重視する近年のマーケティングにおいて，非常に有用性の高いブランド評価方法となっている．

付属資料：被験者の回答データ

対象者	コンセプト番号	米国メーカー・ブランドI	国内メーカー・ブランドJ	コア数7	コア数5	A5サイズ	B5サイズ	5万円	8万円	反転選好順位	参考：選好順位
1	1	1	0	1	0	1	0	0	0	8	2
	2	1	0	0	1	0	1	0	1	5	5
	3	1	0	0	0	0	0	1	0	3	7
	4	0	1	1	0	1	1	0	0	4	6
	5	0	1	0	1	0	0	0	0	1	9
	6	0	1	0	0	1	0	0	1	9	1
	7	0	0	1	0	0	0	0	1	2	8
	8	0	0	0	1	1	0	1	0	7	3
	9	0	0	0	0	0	1	0	0	6	4
2	1	1	0	1	0	1	0	0	0	3	7
	2	1	0	0	1	0	1	0	1	5	5
	3	1	0	0	0	0	0	1	0	7	3
	4	0	1	1	0	1	1	0	0	9	1
	5	0	1	0	1	0	0	0	0	2	8
	6	0	1	0	0	1	0	0	1	6	4
	7	0	0	1	0	0	0	0	1	4	6
	8	0	0	0	1	1	0	1	0	8	2
	9	0	0	0	0	0	1	0	0	1	9

5. コンジョイント分析を利用したブランド評価

対象者	コンセプト番号	米国メーカー・ブランドI	国内メーカー・ブランドJ	コア数7	コア数5	A5サイズ	B5サイズ	5万円	8万円	反転選好順位	参考：選好順位
3	1	1	0	1	0	1	0	0	0	4	6
	2	1	0	0	1	0	1	0	1	8	2
	3	1	0	0	0	0	0	1	0	1	9
	4	0	1	1	0	0	1	1	0	9	1
	5	0	1	0	1	0	0	0	0	6	4
	6	0	1	0	0	1	0	0	1	5	5
	7	0	0	1	0	0	0	0	1	2	8
	8	0	0	0	1	1	0	1	0	3	7
	9	0	0	0	0	0	1	0	0	7	3
4	1	1	0	1	0	1	0	0	0	1	9
	2	1	0	0	1	0	1	0	1	4	6
	3	1	0	0	0	0	0	1	0	6	4
	4	0	1	1	0	0	1	1	0	9	1
	5	0	1	0	1	0	0	0	0	3	7
	6	0	1	0	0	1	0	0	1	7	3
	7	0	0	1	0	0	0	0	1	5	5
	8	0	0	0	1	1	0	1	0	8	2
	9	0	0	0	0	0	1	0	0	2	8
5	1	1	0	1	0	1	0	0	0	7	3
	2	1	0	0	1	0	1	0	1	4	6
	3	1	0	0	0	0	0	1	0	1	9
	4	0	1	1	0	0	1	1	0	8	2
	5	0	1	0	1	0	0	0	0	3	7
	6	0	1	0	0	1	0	0	1	9	1
	7	0	0	1	0	0	0	0	1	2	8
	8	0	0	0	1	1	0	1	0	6	4
	9	0	0	0	0	0	1	0	0	5	5
6	1	1	0	1	0	1	0	0	0	2	8
	2	1	0	0	1	0	1	0	1	4	6
	3	1	0	0	0	0	0	1	0	6	4
	4	0	1	1	0	0	1	1	0	3	7
	5	0	1	0	1	0	0	0	0	8	2
	6	0	1	0	0	1	0	0	1	7	3
	7	0	0	1	0	0	0	0	1	9	1
	8	0	0	0	1	1	0	1	0	5	5
	9	0	0	0	0	0	1	0	0	1	9
7	1	1	0	1	0	1	0	0	0	8	2
	2	1	0	0	1	0	1	0	1	5	5
	3	1	0	0	0	0	0	1	0	2	8
	4	0	1	1	0	0	1	1	0	6	4
	5	0	1	0	1	0	0	0	0	3	7
	6	0	1	0	0	1	0	0	1	9	1
	7	0	0	1	0	0	0	0	1	1	9
	8	0	0	0	1	1	0	1	0	7	3
	9	0	0	0	0	0	1	0	0	4	6

対象者	コンセプト番号	米国メーカー・ブランドI	国内メーカー・ブランドJ	コア数7	コア数5	A5サイズ	B5サイズ	5万円	8万円	反転選好順位	参考：選好順位
8	1	1	0	1	0	1	0	0	0	4	6
	2	1	0	0	1	0	1	0	1	2	8
	3	1	0	0	0	0	0	1	0	1	9
	4	0	1	1	0	0	1	1	0	9	1
	5	0	1	0	1	0	0	0	0	5	5
	6	0	1	0	0	1	0	0	1	7	3
	7	0	0	1	0	0	0	0	1	6	4
	8	0	0	0	1	1	0	1	0	8	2
	9	0	0	0	0	0	1	0	0	3	7
9	1	1	0	1	0	1	0	0	0	2	8
	2	1	0	0	1	0	1	0	1	7	3
	3	1	0	0	0	0	0	1	0	5	5
	4	0	1	1	0	0	1	1	0	9	1
	5	0	1	0	1	0	0	0	0	3	7
	6	0	1	0	0	1	0	0	1	6	4
	7	0	0	1	0	0	0	0	1	4	6
	8	0	0	0	1	1	0	1	0	8	2
	9	0	0	0	0	0	1	0	0	1	9

■注

（1） 2010年頃までのパソコンはCPUのクロック数向上により高速化していた．しかし，高クロック化は消費電力と排出される熱に問題があり，現在は高クロック化による処理速度向上は行われておらず，マルチコア化による高速化が図られている。このことを勘案し，本章では処理速度と関連する属性として「CPUのクロック数」ではなく「CPUのコア数」を採用した．
（2） コンジョイント分析と多属性態度モデルの関連性に関する詳細は朝野（2004）を参照されたい．
（3） Keller and Lehmann（2006）などを参照．
（4） なおここでは最小価格と最大価格を用いているが利用する価格の水準は目的，内容，結果によって適宜検討されたい．

6. パネル・データを利用した
ブランド力の評価[注1]

- 販売数量やシェアの情報だけではブランドの買われ方はわからない．パネル・データを用いることで，ブランドが購買されている状況を分析することができる．ブランド売上は「カテゴリー購買者数×ブランド浸透率×ブランド購買者中の購買頻度」に要因分解して理解することができる．パネル・データを用いることで，これらの要因のうちどれが，ブランドの売上に影響を及ぼしているのかを知ることができる．
- マーケティングでは古くから「シェアの低いブランドは購買頻度も低い」という現象が知られており，「ブランド購買の二重苦（double jeopardy）」と呼ばれている．また，この現象のもとではブランド浸透率が高いブランドほど，購買頻度も高くなる．
- 消費者の購買行動モデルからブランド購買の二重苦が発生することが説明できる．さらにこの購買行動モデルを用いてパネル・データを分析することにより，各ブランドの浸透率に対応した基準的な購買頻度やロイヤルティを知ることができ，これを用いて各ブランドの購買頻度やロイヤルティの基準からの逸脱を知ることができる．

6.1 はじめに

　消費者の購買行動からブランド力を評価する方法として，本章ではパネル・データを用いたブランド力の評価について考える．家計あるいは個人単位でのパネル・データを用いることで，売上やシェアだけでなく，そのブランドの購買頻度や顧客中での浸透率を知ることができ，販売数量やシェアの情報だけでは得られない，ブランドが購買されている状況を分析することが可能となる．
　例えばインスタント・コーヒーというカテゴリーをとってみても，スーパーマーケットの店頭には複数のブランドの商品が陳列されている．そして，ある消費者は特定のブランドのみを購買し，別の消費者はいろいろとブランドを変えながら購買する．
　いまここに100人の消費者が存在し，購買されるブランドはA，B，Cという3ブランドであると仮定しよう．消費者は1回の購買機会でこれらのブランドの

中からいずれか1つのブランドを1個購入するとする．また，消費者によって購買回数は異なるとする．すなわち期間中に購買回数が少ない消費者もいれば，購買回数が多い消費者もいるとする．さらに，期間中に消費者は複数のブランドを購入することもあれば，単一ブランドのみを購入することもあるとする．

さて，100人の消費者に対する3か月間のA，B，Cの販売数量が各ブランドとも120個であったとしよう．A，B，Cとも同じ個数であるので，販売数量だけをみればブランド力も同じであると判断されよう．いまここで，ブランドAは10人の消費者が購入したとする．ブランドの平均購買頻度を，そのブランドを購買した消費者のみに限って計算することとする．するとブランドAの平均購買頻度は12回である．また，対象消費者のうち当該ブランドを一度でも購買したことのある消費者の割合を浸透率とする．すると，ブランドAの浸透率は0.1である．また，ブランドBは30人の消費者に購入され，ブランドCは80人の消費者に購入されたとする．すると各ブランドの販売数量，購入者数，浸透率と平均購買頻度は表6.1のようになる．

販売数量ではブランドA，B，Cは同じである．しかしながらブランドAの購入者はブランドAの平均購買頻度が高いのでロイヤルティが高く，一方ブランドCの購入者はブランドCの平均購買頻度が低いのでロイヤルティが低く，ブランドBの購入者はその間であることがわかる．ブランドAのようにロイヤルティの高いブランドであれば価格プロモーションはあまり必要ないかもしれないが，ブランドCのように，購入者数の多さで売上が成り立っているブランドの場合には，売上を維持するためには価格プロモーションが有効な手段である可能性がある．販売数量のような，ブランドの集計されたデータだけからではわからないブランド力に関する情報が，消費者別のパネル・データを活用することで得ることができ，さらなるマーケティング・アクションへの示唆を得ることが可能となることがわかるであろう．

一方，ブランドA，B，Cの購入者数と購入頻度は，カテゴリー全体からみてどの値が標準的なものであろうかという疑問も出てくるであろう．ブランドBの

表6.1 販売数量，購入者数，浸透率と平均購買頻度の例

	ブランドA	ブランドB	ブランドC
販売数量	120個	120個	120個
購入者数	10人	30人	80人
浸透率	0.1	0.3	0.8
平均購買頻度	12回	4回	1.5回

平均購買頻度4回という値が0.3という浸透率に対して多いのか少ないのかを判断するためには，何らかの基準が必要となってくるであろう．基準的な値を求める方法として消費者の購買行動に関するモデルを利用することが考えられる．

そこで本章では，消費者のブランド購買に関するモデルを利用して，パネル・データによるブランド力の評価を行う方法について述べていく．次節以降では，まずブランド売上の要因分解によるブランド力の評価について述べ，続いてブランド購買において観測される「ブランド購買の二重苦」について説明する．さらにブランド購買の理論モデルを提示し，実証分析例を示す．

6.2 ブランド売上の要因分解によるブランド力の評価

6.2.1 ブランド売上の要因分解

パネル・データを集計することでブランド力を評価する方法について考えてみよう．ここではインスタント・コーヒーや牛乳のような食品，シャンプーや歯ブラシのような日用品に代表される非耐久消費財について考えてみることにする．これらの商品には数日から数週間などの比較的短い期間において繰り返し購買されるという特徴がある．すなわちカテゴリー購入者の中からブランド購入者が現れるが，ブランド購入者は1回以上当該ブランドを購買する．そこでブランドの売上がどのようにして構成されるのかに基づいて，ブランドの売上数量を以下のような要因に分解することができる．

ブランドの売上数量
　　　＝カテゴリー購入者数×ブランド浸透率×ブランド購入者の購買頻度

このように分解すると，ブランド浸透率も高く，なおかつ，ブランド購入者の購入頻度も高ければシェアも高くなり，一方，ブランド浸透率も低く，なおかつ，ブランド購入者の購入頻度も低ければシェアは低くなる．

さて，上の式からブランドの売上を増加させるには3つの方法があることがわかる．カテゴリー購入者数を増やすこと，ブランド浸透率を上げること，そしてブランド購入者の購買頻度を増やすことである．ブランド・マネジメントの視点からは後の2つ，ブランド浸透率とブランド購入頻度を上げることが重要となろう．POSデータだけからは価格と売上のような関係だけしかみえないが，パネル・データを用いることで，どのようにしてブランドの売上が構成されているのかを知ることができる．このような簡単な指標を利用することでブランド力を評価することが可能となる．

6.2.2 ニッチ・ブランドと気分転換ブランド

さて，Kahn et al. (1988) によると成熟した市場では"ニッチ・ブランド"や"気分転換ブランド"が登場してくる．ニッチ・ブランドとは，購買者は少ないが，購買者の中では購買頻度が高いブランドである．すなわちシェアはさほど高くはないが購買者にとってはロイヤリティが高いブランドということになる．このようなブランドは特定の消費者にとって非常に重要なブランドであるため，もしそのブランドが店頭にない場合にはブランドだけでなく，店舗自体への魅力度も損なわれる可能性があるといえよう．一方，気分転換ブランドは，購買者は多いが，購買者の中では購買頻度が低いブランドである．値引きにより購買されるブランド，あるいはバラエティを求める消費者に購買されるブランドである．これらのブランドは，購買者数は多いが購買頻度は低いためにシェアが高くなるということはない．

Kahn et al. (1988) によるとニッチ・ブランドと気分転換ブランドのとる戦略は異なる．ニッチ・ブランドは気分転換ブランドに比べて価格プロモーションを行う必要が低い．また，クーポンに関してもニッチ・ブランドはオン/イン・パック・クーポンが向いており，気分転換ブランドは店舗セールス・クーポンやほかの商品とのクロス・クーポンが向いているとしている．

では，どのようにすれば，同じようにシェアが低いニッチ・ブランドと気分転換ブランドを識別することができるであろうか．このときにブランド浸透率とブランド購買頻度を利用すればこの疑問に答えることができる．浸透率は低いが購買頻度が高いブランドはニッチ・ブランドであり，浸透率は高いが購買頻度が低いブランドは気分転換ブランドと判断できる．

6.2.3 ブランド売上への影響の比較方法

ところで，浸透率と購買頻度はどちらの方がブランド力に影響を及ぼすのであろうか．データから分析する簡単な方法として，ブランドの売上数量の分散を分解し，各要因の寄与率を比較する方法が考えられる．このように分散を分解して要因の重要度を把握する手法は，Schmalensee (1985) や McGrahan and Porter (1997) による企業の競争優位の要因の分析などに利用されてきた．今回はこの手法をブランド価値の決定要因の分析に利用する．先のブランドの売上の式の両辺の自然対数をとり，両辺の分散を計算すると以下のようになる．

ブランドの売上数量の自然対数の分散
 ＝ブランド浸透率の自然対数の分散

　　　　＋ブランド購入者の購買頻度の自然対数の分散
　　　　＋2×ブランド浸透率の自然対数とブランド購入者の購買頻度の自然対数
　　　　　の共分散
そして，浸透率および購買頻度の寄与率は以下のようにして計算される．

$$\text{ブランド浸透率の寄与率} = \frac{\text{ブランド浸透率の自然対数の分散}}{\text{ブランドの売上数量の自然対数の分散}}$$

$$\text{ブランド購買頻度の寄与率} = \frac{\text{ブランド購入者の購買頻度の自然対数の分散}}{\text{ブランドの売上数量の自然対数の分散}}$$

寄与率の大きな変数の方がブランド購買数に大きな影響を持っていることになる．この結果から，カテゴリーでは浸透率と購買頻度の2変数のうちどちらが総合的にブランド力に影響を与えているのかを分析することができる．

このように，消費者によってどのように購買されているのかということからブランド力の評価と今後のアクションに結びつける分析を行うことが可能となる．

6.3　「ブランド購買の二重苦」とブランド購買モデル

6.3.1　ブランド購買の二重苦

　さて，消費者のブランドの購買行動を浸透率と購買頻度で分析した場合，多くのデータである現象が生じていることが確認される．それは「浸透率が高いブランドほど購買頻度も高い」というものである．同じ現象を別の表現を用いれば「シェアの低いブランドは購買頻度も低い」ということになる．もちろん浸透率が低く購買頻度が高いニッチ・ブランドや，浸透率が高く購買頻度が低い気分転換ブランドがなくもないが，全体的な傾向としてこのような浸透率と購買頻度の関係がある．このような現象はマーケティングでは古くから広く知られた現象であり，「ブランド購買の二重苦 (double jeopardy: DJ)」と呼ばれている．DJは，「シェアが低いブランドは，購買者の購買頻度も低い」という現象を指したものである．DJはブランド選択だけでなく店舗選択，パッケージ製品への態度，TV視聴における番組選択などでも観測されている (Ehrenberg, 1988)．

　また，研究結果から，製品・価格・流通・プロモーションなどはDJからの逸脱には影響すること，浸透率を上げることと購買頻度を増やすことでは，浸透率を上げることの方が実行がたやすいこと (Ehrenberg *et al.*, 1990) などの示唆がある．

　では，DJはなぜ生じるのであろうか？　この問題について Ehrenberg *et al.*

(1990) では,
1) ベルヌーイ分布
2) $w(1-b) = Const.$ モデル
3) ディリクレ・モデル

によって説明されている．次にこれらのモデルについてみてみよう．

a. ベルヌーイ分布による説明

このモデルでは購買は商品の魅力度に比例して発生すると考える．いまここに2つのブランドAとBがあるとしよう．ブランドAは購買確率が0.7, ブランドBは購買確率が0.3であるとする．期間中の購買回数が2回の場合，カテゴリー全購入者中でのブランドAの平均購買頻度は1.4回であり，ブランドBの平均購買頻度は0.6回である．一方，浸透率は1回以上購入した人の割合なのでそれぞれ $0.91(=1-(1-0.7)^2)$, $0.51(=1-(1-0.3)^2)$ となる．結果として購買者中での平均購買頻度はブランドAでは1.54回($=1.4$回$\div 0.91$), ブランドBでは1.18回($=0.6$回$\div 0.51$) となる．このようにブランドBはシェアが低いだけでなく，購買者の購買頻度も低くなるというDJになっていることがわかる．ただし，このモデルでは消費者間でのカテゴリー購入頻度の違いを考慮していない．

b. $w(1-b) = Const.$ モデルによる説明

浸透率を b, 購買頻度を w とした場合，1つの市場内や店舗内での多くのブランドの $w(1-b)$ の値が似てくることが知られている．Ehrenberg (1975) では $w(1-b) = Const.$ (定数) となる理論的説明を行っている．このモデルは，まず以下の仮定に基づく．

仮定1：どのブランドを購入している消費者も期間中のカテゴリー総購入個数は一定とする．
仮定2：1来店時には高々1個の商品を購入する．
仮定3：浸透率はブランド間で独立である．
仮定4：購買頻度はブランド間で独立である．

分析対象者数を N, ブランド i の浸透率を b_i, ブランド i の平均購買頻度を w_i, ブランド j 購入者中のブランド i の浸透率を $b_{i|j}$, ブランド j 購入者のブランド i の平均購買頻度を $w_{i|j}$ としよう．

ここでは x, y, z の3ブランドを考える．仮定2よりブランド x 購入者全員の期間中カテゴリー総購買個数は

$$Nb_x w_x + N(b_{y|x} b_x) w_{y|x} + N(b_{z|x} b_x) w_{z|x}$$

となる．同様にブランド y 購入者全員の期間中カテゴリー総購買個数は

$$Nb_y w_y + N(b_{z|y} b_y) w_{z|y} + N(b_{x|y} b_y) w_{x|y}$$

となる．ブランド z についても同様に計算し，これと仮定1, 3, 4を用いると

$$w_x(1-b_x) = w_y(1-b_y) = w_z(1-b_z) = Const.$$

となる．ただし $Const.$ は定数とする．

つまり，どのブランドも購買頻度 w_i と未購入者率 $1-b_i$ を掛ければ，ある一定の値 $Const.$ となる．したがって $w_i = Const./(1-b_i)$ となり，浸透率が高いほど購買頻度も高くなる．このように簡単な仮定から DJ 現象を説明することが可能である．しかしながら，現実には仮定1が成り立っていないことが多い．

c. ディリクレ・モデルによる説明

前述のように，$w(1-b) = Const.$ のモデルでは消費者による総購入個数の違いを考慮していない．また，あるブランドの購買頻度はほかのブランドの影響を受けるはずである．そこで，このような条件を緩め消費者間の異質性を考慮した負の2項分布 – ディリクレ・モデル（あるいは単にディリクレ・モデルと呼ぶ）が提案されている（Goodhardt et al., 1984）．このモデルでは，ブランド計の購買頻度について負の2項分布を，ブランド別の購買頻度については多項ディリクレ分布を仮定したものである．ただし，ディリクレ・モデルの推定は近似式を用いて行われる（Goodhardt et al., 1984）．

6.3.2 ブランド購買モデルの活用

このように，ある条件下で一定期間中に繰り返し購買が発生するカテゴリーにおいて，ランダムに行われるブランド購買行動をモデル化すると DJ が表現できる．$w(1-b) = Const.$ モデルやディリクレ・モデルを利用することで，その市場でのシェアに対応した各ブランドの基準的な浸透率や購買頻度を計算することができる．さらに計算した値と実際の観測値とを比較することで，そのブランドのシェアに見合ったものであるのかどうかを判断することが可能である．

Kahn et al. (1988) では $w(1-b) = Const.$ モデルを利用してブランド別に $Const.$ を計算し，その値のブランド全体での $Const.$ の平均値からの逸脱を用いて各ブランドを評価している．全体平均より高い場合にはニッチ・ブランド，すなわちロイヤルティが高いブランドである．一方，全体平均より低い場合には気分転換ブランドであり，消費者のバラエティ・シーキングのために利用される．彼らの方法は簡単な計算でブランドを評価することができる．

一方，ディリクレ・モデルを利用して基準値を計算したものとしては Fader

and Schmittlein (1993), Bhattacharya (1997) や Ehrenberg *et al.* (2004) などがある.

6.4 カテゴリー内のブランド購買モデル

前節でみたように, DJ を説明するモデルはいくつかあるが, ここでは負の多項分布モデルを用いたブランド購買モデルを説明し, 次節では実証分析を行う.

最初に中西 (1984) により提案された負の多項分布 (negative multinomial distribution: NMD) モデルを用いた購買行動モデルを紹介する. 次に, この NMD モデルを利用することによって DJ およびこれに関連する現象が発生することを示す (里村, 2003 ; 2007).

6.4.1 カテゴリーおよびブランドの購買頻度のモデル化
a. カテゴリーおよびブランドの購買頻度

個人の期間中のあるカテゴリーの総購買個数を s とする. カテゴリー内には m 個のブランドが存在し, x_i をブランド i の購買回数, π_i をブランド i の購買確率 (期間中のブランド i のシェア) とする. S と X_i は s と x_i の確率変数であると考える. 総購買個数 S は平均 ξ のポアソン分布に従い, 購買の発生はベルヌーイ分布に従うとすると

$$\Pr(S=s) = \frac{\exp(-\xi)\xi^s}{s!} \tag{6.1}$$

$$\Pr(X_i = x_i | S) = \binom{S}{x_i} \pi_i^{x_i} (1-\pi_i)^{S-x_i} \tag{6.2}$$

である. X_i の無条件確率は(6.1), (6.2)式より

$$\Pr(X_i = x_i) = \frac{(\pi_i \xi)^{x_i} \exp(-\pi_i \xi)}{x_i!} \tag{6.3}$$

となる. つまりブランド i の購買頻度は平均 $\pi_i \xi$ のポアソン分布に従うこととなる.

ここで $\pi = (\pi_1, \cdots, \pi_m)$ の確率密度を $g(\pi)$, ξ の確率密度を $g(\xi)$, $\lambda_i = \pi_i \xi$, $\lambda_. = \sum_{i=1}^{m} \lambda_i$, $\lambda = (\lambda_1, \lambda_2, \cdots, \lambda_m)$ とする. さらに π_i と ξ は独立であると仮定する.

中西 (1984) によると, もし λ_i が互いに独立な正の確率変数であり, $\lambda_.$ と π が独立であれば, λ はガンマ変量でありその同時密度関数は次式で与えられる.

$$g(\pmb{\lambda}) = \prod_{i=1}^{m} \frac{\exp(-\lambda_i/\beta)\lambda_i^{\alpha_i-1}}{\Gamma(\alpha_i)\beta^{\alpha_i}} \tag{6.4}$$

ただし α_i と β はパラメータである．$\pmb{\lambda}$ は共通のパラメータ β を持っている．$X = (X_1, \cdots, X_m)$，$\pmb{x} = (x_1, \cdots, x_m)$ とする．(6.3)式と(6.4)式より

$$\Pr(X_i = x_i) = \frac{\Gamma(x_i + \alpha_i)}{x_i! \Gamma(\alpha_i)} \left(\frac{1}{\beta+1}\right)^{\alpha_i} \left(\frac{\beta}{\beta+1}\right)^{x_i} \tag{6.5}$$

$$\Pr(\pmb{X} = \pmb{x}) = \prod_{i=1}^{m} \Pr(X_i = x_i) \tag{6.6}$$

となる．これは NMD モデルと呼ばれている．また $S = \sum_{i=1}^{m} X_i$ なので

$$\Pr(S = s) = \frac{\Gamma(s + \alpha.)}{s! \Gamma(\alpha.)} \left(\frac{1}{\beta+1}\right)^{\alpha.} \left(\frac{\beta}{\beta+1}\right)^{s} \tag{6.7}$$

となる．ただし $\alpha. = \sum_{i=1}^{m} \alpha_i$ とする．(6.5)，(6.7)式から無条件確率 $\Pr(X_i = x_i)$ と全購入数の確率 $\Pr(S = s)$ は負の2項分布となっていることがわかる．さらに

$$\Pr(\pmb{x}|s) = \frac{\Pr(\pmb{X} = \pmb{x})}{\Pr(S = s)} \tag{6.8}$$

である．以上の結果は中西 (1984) による．

また α_i について，一般性を失うことなく

$$\alpha_1 > \alpha_2 >, \cdots, > \alpha_{m-1} > \alpha_m \tag{6.9}$$

と定義しておく．

先に説明したようにディリクレ・モデルの推定には近似式を利用したが，NMD モデルは，最尤法を用いてパラメータの推定が可能である（里村, 2003）．

b. カテゴリー購買個数が与えられたもとでのブランド購買個数

ここでは期間中のカテゴリー購買個数 s が与えられたときのブランド i の購買個数を求める（里村, 2003；2007）．まず

$$\alpha.^{(-i)} = \alpha_1 + \alpha_2 + \cdots + \alpha_{i-1} + \alpha_{i+1} + \cdots + \alpha_{m-1} + \alpha_m$$
$$X.^{(-i)} = X_1 + X_2 + \cdots + X_{i-1} + X_{i+1} + \cdots + X_{m-1} + X_m$$

とする．すると(6.5)〜(6.8)式を用いて

$$\Pr(x_i|s) = \frac{\Pr(X_i = x_i)\Pr(X.^{(-i)} = s - x_i)}{\Pr(S = s)} = \binom{s}{x_i} \frac{B(\alpha_i + x_i, \alpha.^{(-i)} + s - x_i)}{B(\alpha_i, \alpha.^{(-i)})} \tag{6.10}$$

となる．ただし $B(j, k)$ はベータ関数である．

このように s の条件付きの x_i の分布は2項ベータ分布となることがわかる．

これよりカテゴリーを s 個購入時にすべてがブランド i である確率は

6.4 カテゴリー内のブランド購買モデル

$$\Pr(X_i=s|s) = \frac{\Gamma(s+\alpha_i)\Gamma(\alpha_.)}{\Gamma(\alpha_i)\Gamma(s+\alpha_.)} \tag{6.11}$$

となり，カテゴリーを s 個購入時にブランド i を購入しない確率は

$$\Pr(X_i=0|s) = \frac{\Gamma(s+\alpha_.^{(-i)})\Gamma(\alpha_.)}{\Gamma(\alpha_.^{(-i)})\Gamma(s+\alpha_.)} \tag{6.12}$$

となる．

ところで，観測されるデータを用いてブランドの評価を行う場合，カテゴリー購買者についてデータが収集されることが多い．これはカテゴリーの非購買者には，期間中にたまたま購買しなかった者と，そのカテゴリーをそもそも購買しない者が含まれるからである．一方，ここまでの定式化では全員がカテゴリー購入の可能性があるとしているので，カテゴリー購入個数が 0 の消費者は期間中にたまたまカテゴリーを購買しなかったと仮定している．そこでカテゴリー購入者のみのデータから推定可能なように，カテゴリーの購買者に限って各購買者の購買個数を求める．するとブランドの同時購買確率は

$$\Pr(\boldsymbol{x}|s>0) = \frac{\Pr(X=\boldsymbol{x})}{1-\Pr(S=0)} \quad \text{ただし，} \prod_{i=1}^{m} x_i \neq 0 \tag{6.13}$$

となる．また，

$$\begin{aligned}\Pr(X_i=0) &= \sum_{s=0}^{\infty}\Pr(S=s)\Pr(X_i=0|S=s)\\ &= \Pr(S=0)\Pr(X_i=0|S=0) + \Pr(S>0)\Pr(X_i=0|S>0)\end{aligned} \tag{6.14}$$

なので，カテゴリー購入者がブランド i を購入しない確率は

$$\begin{aligned}\Pr(X_i=0|S>0) &= \frac{\Pr(X_i=0) - \Pr(S=0)\Pr(X_i=0|S=0)}{\Pr(S>0)}\\ &= \frac{(\beta+1)^{-\alpha_i} - (\beta+1)^{-\alpha_.}}{1-(\beta+1)^{-\alpha_.}}\end{aligned} \tag{6.15}$$

となる．

6.4.2　ブランド評価のための指標の算出

まず NMD モデルを用いて，市場を測定するための指標を算出する（里村，2003；2007）．最初に，浸透率と購買頻度について NMD モデルからの算出を行う．さらに NMD モデルにより，浸透率と購買頻度の間に DJ が発生することを示す．続いてブランド・ロイヤルティの指標についても算出を行う．リピート購

買されるカテゴリーにおいては消費者のブランドに対するロイヤルティが重要な指標となる．ロイヤルティには認知ロイヤルティ，感情ロイヤルティ，意図ロイヤルティ，行動ロイヤルティがあるが (Oliver, 1997)，本章では行動ロイヤルティについて検討を行う．この場合，ブランド・ロイヤルティはそのブランドを複数回購買してもらえる程度ということになる．

本章ではブランド・ロイヤルティの指標として「購買者中シェア (share of category requirement: SCR)」と「単一ブランド購買者比率」という指標を利用することにする．SCR は購入者の中での，当該ブランドのシェアである．カテゴリーの購買頻度は一定なのにブランドの繰り返し購買が多いと SCR は高くなる．一方，そのブランドのみを購入する単一ブランド購買者に注目し，ブランド購買者に占めるそのブランドだけを購買した者の比率を単一ブランド購買者比率と定義する．単一ブランド購買者はブランドに対して最もロイヤルティが高い購買者であるので，SCR と同様にこの比率はブランド・ロイヤルティの指標となる．

a. 浸透率と購買頻度

ブランド i の浸透率を b_i，ブランド i の購買者中のブランド i 平均購買頻度を w_i とすると，(6.10)，(6.15)式より

$$b_i = 1 - \Pr(X_i = 0 | S > 0) = \frac{1 - (\beta + 1)^{-\alpha_i}}{1 - (\beta + 1)^{-\alpha_\cdot}} \tag{6.16}$$

$$w_i = \frac{\sum_{s=1}^{\infty} \{\Pr(S = s | S > 0) \sum_{x_i=1}^{s} x_i \Pr(x_i | s)\}}{1 - \Pr(X_i = 0 | S > 0)} = \frac{\alpha_i \beta}{\{1 - (\beta + 1)^{-\alpha_\cdot}\} b_i} \tag{6.17}$$

となる．(6.16)式と(6.17)式より，

$$w_i = -\frac{\log(1 - \{1 - (\beta + 1)^{-\alpha_\cdot}\} b_i)}{\{1 - (\beta + 1)^{-\alpha_\cdot}\} b_i} \cdot \frac{\beta}{\log(\beta + 1)} \tag{6.18}$$

となる．先に(6.9)式を仮定したが，この場合，(6.16)式より $b_1 > b_2 >, \cdots, > b_{m-1} > b_m$ である．さらに $b_1 > b_2 >, \cdots, > b_{m-1} > b_m$ の場合，(6.18)式より $w_1 > w_2 >, \cdots, > w_{m-1} > w_m$ である．すなわち，もしある店舗での消費者の購買行動がこれらの仮定に従うのであれば，ブランド i の浸透率 b_i が高いほどブランド i の購買者中の平均購買頻度 w_i も高くなる．モデルの仮定が正しければ浸透率の高いブランドは購買頻度も高く，浸透率の低いブランドは購買頻度も低いという，DJ が起こることが説明できる．

図 6.1 はいくつかの β について浸透率と購買頻度の関係を NMD モデルから計算し図示したものである．ただし，各 β について α_i は左から $\{0.05, 0.1, 0.5,$

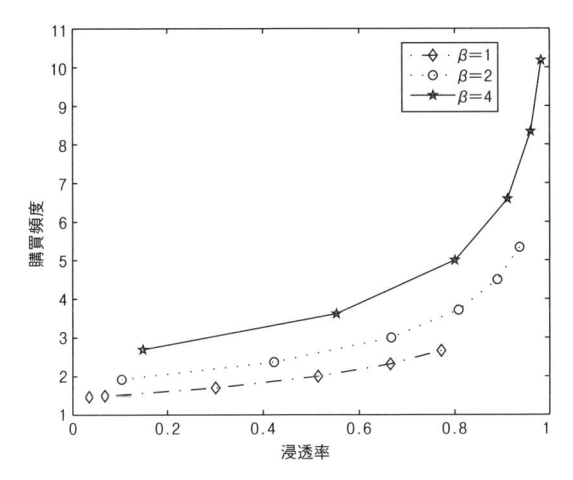

図 6.1 浸透率と購買頻度との関係（NMD モデル）

1.0, 1.5, 2.0} とした．このように NMD モデルからは浸透率の高いブランドは購買頻度も高く，浸透率の低いブランドは購買頻度も低いという，DJ が起こっていることが図からも確認できる．

また NMD モデルからのインプリケーションとして，図 6.1 からもわかるように，浸透率が非常に高い場合を除いて，浸透率の変化に対してブランドの購買頻度の変化は小さい．マーケティング・マネジメントではブランドのシェアを上げるためには「購買者数を増やす（浸透率を上げる）」「購買者の購買頻度を増やす」の 2 通りの方向性が示されるが，本章で取り上げるような「反復購買されるカテゴリー」では，ブランドのシェアを上げるためには「購買頻度」よりも「浸透率」を上げたほうが良いということになる．

b. 購買者中シェア

ブランド i の購買者中シェア SCR_i を計算するために，まず，ブランド i 購買者の期間中カテゴリー総購買個数平均 V_i について考える．NMD モデルでは

$$V_i = \frac{\sum_{s=1}^{\infty}\{s\Pr(s|s>0)[\Pr(X_i>0|s)]\}}{b_i}$$

$$= \frac{\beta}{\{1-(\beta+1)^{-\alpha_i}\}b_i}\{\alpha_{\cdot} - \alpha_{\cdot}^{\{-i\}}(\beta+1)^{-\alpha_i}\} \quad (6.19)$$

となる．

よって，NMD モデルから得られる SCR_i は

$$SCR_i = \frac{w_i}{V_i} = \frac{\alpha_i}{\alpha. - \alpha.^{(-i)}(\beta+1)^{-\alpha.}} \tag{6.20}$$

となる.さらに,NMDモデルから得られるブランドiのシェアMS_iは

$$MS_i = \frac{b_i w_i}{\sum_{j=1}^{m} b_j w_j} = \frac{\alpha_i}{\alpha.} \tag{6.21}$$

となる.先に(6.9)式を仮定したがこの場合,(6.20)式より$SCR_1 > SCR_2 >, \cdots, > SCR_{m-1} > SCR_m$である.また(6.9)式を仮定した場合,(6.21)式より$MS_1 > MS_2 >, \cdots, > MS_{m-1} > MS_m$となる.すなわち市場シェア$MS_i$が高いブランドほど,ブランド購買者中のシェア$SCR_i$も高くなることがわかる.さらに(6.9)式を仮定した場合,(6.16)式より$b_1 > b_2 >, \cdots, > b_{m-1} > b_m$であった.すなわち浸透率$b_i$が高いほど,ブランド購買者中のシェア$SCR_i$も高くなる.

c. 単一ブランド購買者比率

次に単一ブランド購買者の比率を計算する.ブランドiの単一ブランド購買者とは期間中にブランドiのみを購買する者である.ブランド購買者には,そのブランドのみを購買する「単一ブランド購買者」,ほかのブランドも購買するがそのブランドのシェアが最も高い「ブランド第1位購買者」,その他のブランド購買者に分類される(Raj, 1985).単一ブランド購買者比率SB_iもブランド・ロイヤルティの指標となり得る.

カテゴリーをS個購入時に単一ブランド購買者である確率$\Pr(X_i = s | S = s)$は(6.11)式で与えられているのでSB_iは

$$SB_i = \sum_{s=1}^{\infty} \Pr(S = s | s > 0) \Pr(X_i = s | S = s)$$

$$= \frac{(\beta+1)^{-\alpha.^{(-i)}}}{1 - (\beta+1)^{-\alpha.^{(-i)}}} \tag{6.22}$$

となる.先に(6.9)式を仮定した場合,(6.22)式より$SB_1 > SB_2 >, \cdots, > SB_{m-1} > SB_m$である.また(6.9)式を仮定した場合,(6.16)式より$b_1 > b_2 >, \cdots, > b_{m-1} > b_m$であった.すなわち単一ブランド購買者率$SB_i$が高いブランドほど,浸透率$b_i$も高くなることがわかる.またブランド数が増えた場合には$\alpha.^{(-i)}$の値が大きくなるため,単一ブランド購買者比率の全ブランドでの平均$(\sum_{i=1}^{m} SB_i)/m$の値は小さくなる.

ところで,Raj (1985) では単一ブランド購買者比率はブランド浸透率にプラスの影響を及ぼし,またブランド数が増えると単一ブランド購買者比率が小さくなることを実証分析により示しているが,これはNMDモデルに従う購買行動の結

果から導かれるものと一致する．

以上のようにNMDモデルが規範的関係を示すので，どの程度単一ブランド購買者比率がNMDモデルから逸脱しているのかを示すことで，ランダムな購買行動からの差としてブランド・ロイヤルティの測定を行うことができる．

6.5 実証分析

ここでは消費者の購買履歴データを用いて，前節で展開されたブランド購買行動についての確認を行う．さらにモデルのパラメータ推定を行い，理論的な購買頻度やSCR，単一ブランド購買者比率を求め，観測値との比較からブランドの評価を行う．

6.5.1 データについて

日本国内のあるスーパーマーケット・チェーンの顧客購買履歴データを利用した[注2]．

データ期間：2002年1月から1年間
分析対象カテゴリー：インスタント・コーヒー
分析対象ブランド：期間中の数量シェアが1%以上の16ブランド
分析対象者：期間中週1回以上来店したパネラーのうち分析対象カテゴリーを1回以上購買した926名
分析対象者の期間中平均購買個数：4.0個

6.5.2 分析の結果

a. 浸透率と購買頻度

最初に，6.2.3項で示した浸透率と購買頻度の寄与率を計算した結果，表6.2のようになった．すなわち，このデータではブランドによる売上数量の自然対数の違いは，浸透率による違いで90%は説明可能であることを示す．このデータに

表6.2 売上数量の自然対数への寄与率

浸透率の自然対数の寄与率	購買頻度の自然対数の寄与率	その他
90.2%	4.4%	5.4%

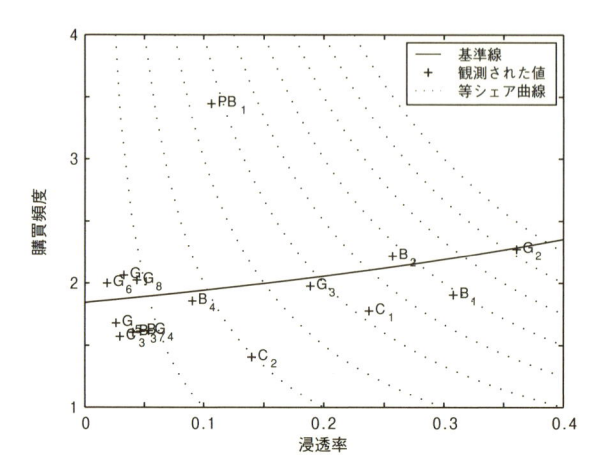

図 6.2 浸透率と購買頻度との関係（実測値：インスタント・コーヒー）

おいては全体的な傾向として浸透率が売上数量を決定する大きな要因であることを示している．

図 6.2 は，このデータから得られた各ブランドの浸透率と購買頻度である．アルファベットはメーカーを表し，アルファベットの添字はメーカー内でのブランドを表している．PB はストア・ブランドを表す．点線は等シェア曲線であり，シェアは近いが浸透率や購買頻度が異なるブランド同士を見やすく表現している．図 6.2 には，NMD モデルから予測される浸透率と購買頻度の関係が曲線で描かれている．この曲線はデータから最尤法によって求めた α_i と β を用いて，(6.17)式から浸透率と購買頻度の推定値を算出したものである．

多くのブランドは基準線の近辺にあり，浸透率と購買頻度の間の関係が認められる．ブランド別にみてみると，B_1 と B_2 のシェアは近いが B_1 の方が B_2 よりも購買頻度が低くなっている．さらに B_2 は基準線に近いので，浸透率に見合った購買頻度を得ているのに対して，B_1 は基準線よりも下側にあり，浸透率に見合った購買頻度を得られていないことがわかる．また PB_1 はシェアは G_3 程度であるが，浸透率からみれば非常に高い購買頻度を得ているブランドであることがわかる．

このように，浸透率と購買頻度の関係をみる場合，確率的な購買行動をもとにした NMD モデルを利用することで，規範的な購買行動からの乖離についても理解することが可能となる．

b. ブランド・ロイヤルティの評価

次にブランド・ロイヤルティを計算し，ロイヤルティの高さに影響を及ぼす変

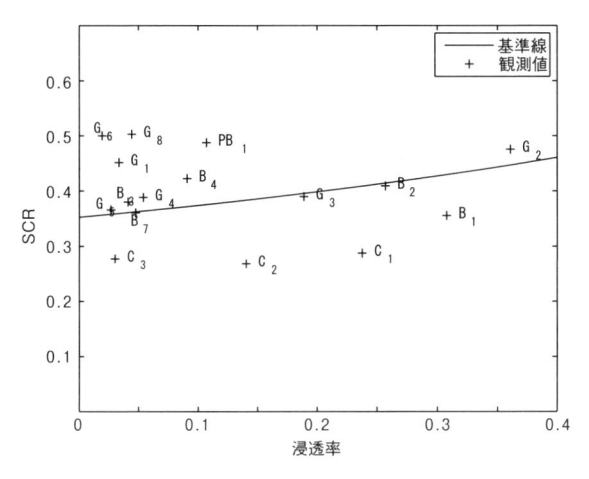

図 6.3 浸透率と購買者中シェア (SCR)

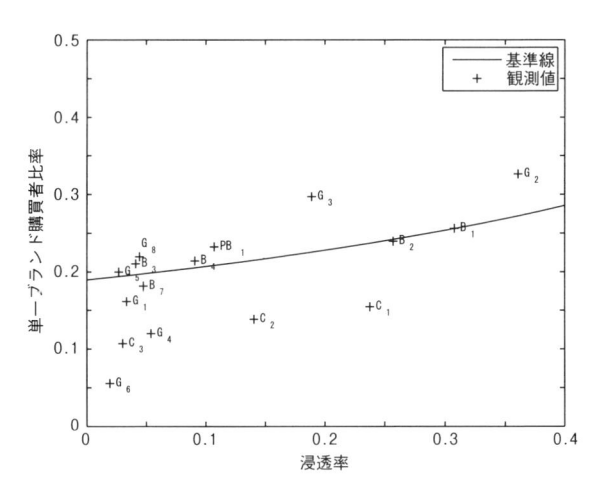

図 6.4 浸透率と単一ブランド購買者比率

数について考える．ブランド・ロイヤルティの指標として先に定義した購買者中シェア (SCR) と単一ブランド購買者比率を用いる．

ブランドの浸透率と SCR の関係を図 6.3 に示す．基準線は推定されたパラメータをもとに (6.16), (6.20) 式を用いて描いたものである．浸透率が高くなると SCR も高くなることがわかる．ただし，PB_1, G_6, G_8 のように浸透率に比べて SCR が大きいブランドも存在する．

またブランドの浸透率と単一ブランド購買者比率 SB を図 6.4 に示す．基準線は (6.16), (6.22) 式をもとに推定されたパラメータを用いて描いたものである．浸透率が高くなると単一ブランド購買者比率 SB も高くなっていることがわかる．ただし，G_2, G_3 のように浸透率に比べて SB が大きいブランドも存在する．

次に理論値と観測値の乖離を計算する．ブランド i について観測値 SCR_i^o と推定したパラメータから得られた理論値 SCR_i^e の差を SCR_i^e で割った値を DEV_SCR_i として定義する．すなわち

$$DEV\_SCR_i = \frac{SCR_i^o - SCR_i^e}{SCR_i^e} \qquad (6.23)$$

である．同様にブランド i について観測値 SB_i^o と推定したパラメータから得られた理論値 SB_i^e の差を SB_i^e で割った値を DEV_SB_i として定義する．すなわち

$$DEV\_SB_i = \frac{SB_i^o - SB_i^e}{SB_i^e} \qquad (6.24)$$

とする．

この値をプロットしたものが図 6.5 である．DEV_SB_i と DEV_SCR_i がともに高いブランド（G_2, G_8, PB_1），DEV_SB_i と DEV_SCR_i がともに低いブランド（C_1, C_2, C_3），DEV_SCR_i は高いが DEV_SB_i が低いブランド（G_1, G_4, G_6）に分かれるなど，理論的値からの乖離の傾向はブランドによって異なっていることがわかる．

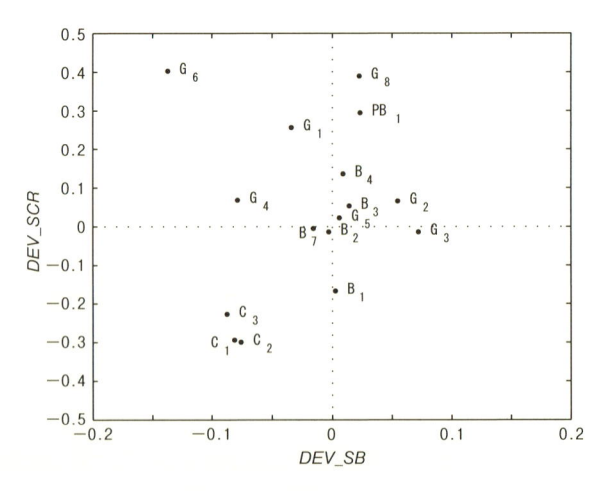

図 6.5　DEV_SB と DEV_SCR

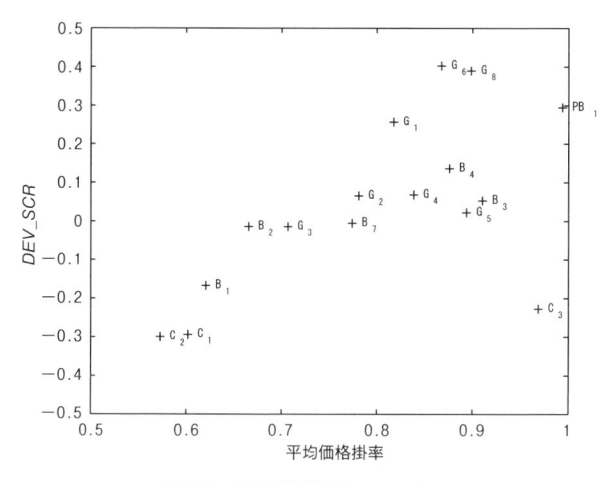

図 6.6 平均価格掛率と DEV_SCR

次に DEV_SCR_i, DEV_SB_i をいくつかのプロモーション変数やシェアなどの値について回帰分析を用いて分析を行い，係数のうち 5% の危険率で有意なものを選択した結果，次のような関係が得られた．なお，DEV_SB_i では統計的に有意な結果は得られなかった．

$$DEV\_SCR_i = -0.785 + 1.035 \times PRICE \qquad (6.25)$$

$PRICE$ は期間中の各ブランドの平均価格掛率である[注3]．決定係数 R^2 は 0.38，自由度調整済み決定係数 R^2 は 0.34 であった．

すなわち，平均価格掛率が小さい（あまり値引きされない）ブランドであれば SCR が基準的な値よりも大きくなることを意味する．これは図 6.6 からも確認できることである．PB_1 のように値引きがほとんどなされないブランドは SCR が基準的な値よりも大きくなり，逆に値引きされることの多い B_1, C_1, C_2 についてはブランドは SCR が基準的な値よりも小さくなっている．これは Bhattacharya (1997) の結果とも一致する．

この結果は重大である．B_1, C_1, C_2 は浸透率が決して小さいわけではないのに，ブランド・ロイヤルティの指標の1つである SCR が小さくなっている．値引きによる顧客の獲得はロイヤルティの上昇に寄与しないことがこの結果からも示された．

6.6 ま と め

本章ではパネルデータを利用したブランド力の評価について検討した．最初に，浸透率と購買頻度でブランドを評価することを提案し，続いてブランド購買において観測される「ブランド購買の二重苦」について述べた．浸透率と購買頻度をもとにブランドを評価する場合には，浸透率と購買頻度の関係を考慮し，負の多項分布（NMD）モデルを用いて標準的な購買頻度や購買者シェアを計算する方法が示された．さらにこの現象を説明する理論モデルを提示し，実証分析の例を示した．実証分析の結果からは，ロイヤルティの基準値からの逸脱がプロモーションによる値引きと大きく関係していることも示された．ただし，本章での議論は市場が均一であるとみなせる場合であり，市場が細分化されている場合には，消費者セグメントを考慮した議論を行う必要がある（里村，2006）ことを最後に付け加えておく．

■ 注

(1) 本章は里村（2003；2007）をもとに大幅に加筆修正をしたものである．本章での論文利用を許可下さった日本オペレーションズ・リサーチ学会と慶應義塾大学商学会に感謝申し上げる．
(2) データおよび得られた結果は里村（2007）と同一のものである．データを提供いただいた（財）流通経済研究所にはここに記して感謝する．
(3) 価格掛率は，期間中の各アイテムの最高価格を1とした場合の，各時点でのアイテムの販売価格である．各ブランドの平均価格掛率については，最初に各アイテムの平均価格掛率を計算し，ブランド中における各アイテムのシェアを重みとした加重平均を求めた．

7. 潜在クラス・モデルを利用したブランド・ロイヤルティの評価

- 顧客の購買履歴データの入手可能性が高まっている現在では，行動面からみた顧客のブランド・ロイヤルティを捕捉し，それをブランド管理に活かしていくということが有効な方策となっている．
- ただし，行動面に現れたロイヤルティは必ずしも心理的なロイヤルティに裏付けられたものではないことに留意する必要がある．同じブランドを買い続けている消費者が，値引きを中心とした店頭プロモーションに惹かれて購入しているだけということもあり得る．
- そこで本章では，消費者の購買履歴データから店頭プロモーションの効果を除去したブランド・ロイヤルティを測定し，それぞれのブランドに対するロイヤルティによって顧客のセグメンテーションを行う方法について説明する．具体的には，潜在クラス分析を用いたブランド選択モデルを用いて，上記の課題にアプローチする手法を紹介する．

7.1 はじめに

近年，多くの企業においてブランドの重要性が強く認識されている．その1つのきっかけは，1980年代に登場したブランド・エクイティという概念が大きな注目を集め活発な議論を呼んだことにある．特に，Aaker (1991) は学界と実務界の双方に多大なインパクトを与え，今日に至るまでのブランドに関する関心の高まりのきっかけを提供したと考えることができる．

Aaker (1991) はブランド・エクイティの構成要素として，ブランド・ロイヤルティ，ブランド認知，知覚品質，ブランド連想，その他のブランド資産（特許，商標など）という5つをあげており，その中でもブランド・ロイヤルティはブランド・エクイティの核となることが多いとしている．ブランド・ロイヤルティは，ブランドに対する顧客のこだわりの強さを表す概念である．こだわりの強さは心理的な側面からみた現象であるが，そのことが購買行動に現れる場合には，特定のブランドを繰り返し購買するという行動として表出することになる．

近年では，フリクェンシー・プログラム[注1]などの仕組みを通じて，多くの企

業が顧客の購買履歴データを取得するようになってきている．また，調査会社な
どが収集しているスキャナー・パネル・データ[注2]によって消費者の購買履歴を
捕捉することも以前から行われている．購買履歴データを利用すると，顧客の行
動面からブランド・ロイヤルティを捕捉することが可能となる．例えば，消費者
が頻繁に購入する日用消費財においては，特定の消費者があるカテゴリーの商品
を何度も購入するうちの自社のブランドの占めるウェイトをみることによって，
その消費者のブランド・ロイヤルティを捕捉することが可能である．

このように，顧客の購買履歴データの入手可能性が高まっている現在では，行
動面からみた顧客のブランド・ロイヤルティを捕捉し，それをブランド管理に活
かしていくということが有効な方策となっている．このときに留意する必要があ
るのは，行動面に現れたロイヤルティは必ずしも心理的なロイヤルティに裏付け
られたものではない，ということである．例えば，同じブランドを買い続けてい
る消費者が，そのブランドにロイヤルティを持っているためではなく，値引き販
売を中心とする店頭プロモーションに惹かれて購入しているということもあり得
る．特に，スーパーマーケットなどの店舗で日常的に購入される商品の場合，購
買意思決定に対する価格訴求型プロモーションの影響が大きいため，上記のよう
な買い方がかなりの程度発生していると考えられる．このような場合には，特売
の影響を差し引いたうえで，購買の結果にブランド・ロイヤルティがどのように
影響しているのかをみる必要がある．

そこで本章では，消費者の購買履歴データから店頭プロモーションの効果を除
去したブランド・ロイヤルティを測定し，それぞれのブランドに対するロイヤル
ティによって顧客のセグメンテーションを行う方法について説明する．具体的に
は，潜在クラス分析を用いたブランド選択モデルを用いて上記にアプローチする
手法に焦点を当て，守口（2003）による実証分析の結果も含めて解説する．次節
ではまず，潜在クラス分析の概要について説明する．

7.2 潜在クラス分析の概要

例えば，次のようなケースを考えてみよう．ある店舗では複数の種類の商品カ
テゴリーを扱っている．さまざまな消費者が来店するが，消費者によって購入す
るカテゴリーは異なっている．来店客全体で集計すれば，各カテゴリーの購入確
率を算出することができるが，どうも顧客セグメントによって買い方が異なって
いるように見受けられる．顧客セグメントごとに各カテゴリーの購入率を算出す

ることができれば，品揃えやプロモーションに関する有用な示唆が得られると考えられる．こうしたケースでは，どのような方法で顧客セグメンテーションを行うことができるだろうか．

マーケティングでよく利用される方法は，顧客の性別や年齢などのデモグラフィクスによってセグメンテーションを行い，セグメントごとの購入傾向を分析するというものである．例えば，コンビニエンス・ストアでは，見た目による顧客属性を，店員がレジのキーを利用して精算時にインプットしている．この方法によって，POSデータから，どのような属性の顧客は何を買っているのかを捕捉することができる．

これに対し，デモグラフィクスのような顧客属性ではなく，購入の結果から顧客のグループ化を行う方法も考えられる．例えば，クラスター分析を利用して，購入している商品が類似するいくつかのグループに顧客を分類することは一般的に行われている方法である．

クラスター分析と同様に，購入結果をもとに潜在クラス分析を利用して顧客のグループ化を行うこともできる．ただし，潜在クラス分析の場合，顧客の購入状況を確率モデルとして表現する点でクラスター分析とは異なっている．この特徴は，ほかの分析モデルと組み合わせて拡張しやすい，分析対象の各クラスへの振り分けをクラスへの所属確率として把握できる，などの利点につながっている．

上述した顧客セグメンテーションに潜在クラス分析を適用することを考えてみよう．まず，C を顧客クラスとし $1 \sim m$ までのクラスがあると考える．さらに，p 種類の商品カテゴリー（$X_1 \sim X_p$）を想定する．顧客クラス i がカテゴリー X_j を購入する確率を p_{ij} とすると，クラス i に属している顧客が X_j を購入するか否かの確率を(7.1)式のように表現できる．

$$\Pr(X_j = x_j | C = i) = p_{ij}^{x_j}(1 - p_{ij})^{1-x_j} \tag{7.1}$$

ここで，x_j は1か0をとる2値変数であり，商品カテゴリー j の購入の有無を表す．さらに，各クラス内においてそれぞれの商品カテゴリーの購入が独立に発生すると仮定すると，顧客クラス i に属する顧客の商品購入パターンの確率を(7.2)式のように表すことができる．

$$\Pr(X_1 = x_1, \cdots, X_n = x_n | C = i) = \prod_{j=1}^{n} p_{ij}^{x_j}(1 - p_{ij})^{1-x_j} \tag{7.2}$$

上述した，クラス内では観測された変数間が互いに独立であるという仮定は，局所独立の仮定と呼ばれる．この仮定によって，(7.2)式のような定式化が可能となる．ここで，各顧客クラスの相対規模（クラス・サイズ）を π_i とし，$\sum_{i=1}^{m} \pi_i =$

1とすると，任意に選択された顧客の商品購入パターンの確率を(7.3)式のように表すことができる．

$$\Pr(X_1=x_1, \cdots, X_n=x_n) = \sum_{i=1}^{m} \pi_i \prod_{j=1}^{n} p_{ij}^{x_j}(1-p_{ij})^{1-x_j} \tag{7.3}$$

ここで，p_{ij} および π_i が推定すべきパラメータである．このように，潜在クラス分析を利用して消費者行動をモデル化する場合には，母集団が複数の異質な消費者クラスの混合からなると考え，局所独立の仮定を利用して確率モデルとして表現することになる．

潜在クラス分析におけるパラメータの推定には，EMアルゴリズムによる最尤推定がよく利用される．EMアルゴリズムは，(7.3)式のパラメータ p_{ij} と π_i を交互に探索するアプローチであり，E-step（expectation step）と M-step（maximization step）の2つのプロセスの繰り返しによって最尤推定を行うため，この名前がつけられている[注3]．

潜在クラス分析におけるクラス数の決定は，パラメータの推定とは別に行う必要がある．通常は，いくつかの異なるクラス数のモデルについて推定を行い，AIC，BIC などの情報量規準を利用してデータへの適合度を確認したうえでクラス数を決定する．

上述したように，(7.3)式の π_i はクラス i の相対規模を表し，p_{ij} は，クラス i のカテゴリー j の購入確率を表す．したがって，潜在クラス分析を利用してセグメンテーションを行う場合には，π_i によってセグメントの規模を把握し，p_{ji} の値によって各セグメントの購買行動の特徴を捕捉することになる．

潜在クラス分析では，各顧客がどのクラスに所属するかは確率的に判断する．特定の購買パターン，$X_1=x_1, \cdots, X_n=x_n$ を有する顧客のクラス i の所属確率は，(7.4)式のようにベイズの公式を利用して算出することができる．

$$\Pr(C=i|X_1=x_1, \cdots, X_n=x_n) = \frac{\Pr(C=i)\Pr(X_1=x_1, \cdots, X_n=x_n|C=i)}{\sum_j \Pr(C=j)\Pr(X_1=x_1, \cdots, X_n=x_n|C=j)} \tag{7.4}$$

7.3　潜在クラス分析の拡張

ここでは，潜在クラス分析の拡張の方向について検討する[注4]．先述したように，潜在クラス分析を利用することによって，消費者行動を確率モデルとして表現したうえで，潜在的なクラスを抽出することが可能となる．このため，潜在ク

ラス分析は，消費者行動に関するほかの数理モデルと組み合わせることが行いやすく，さまざまな拡張が行われている．マーケティング領域における主要な拡張の方向の1つは，ブランド選択モデルへの応用である．

消費者のブランド選択行動のモデル化において従来から多く利用されてきた手法の1つに，多項ロジット・モデルがある．多項ロジット・モデルは，計量経済学者の McFadden によって開発された手法であるが（McFadden, 1973），マーケティング領域では，Guadagni and Little（1983）をはじめとして広範に利用されてきた．

多項ロジット・モデルをベースとして，潜在クラス分析の枠組みでブランド選択行動をモデル化した最初の試みが，Kamakura and Russell（1989）である．彼らはまず，ロジット・モデルを利用して，潜在クラス i に属する消費者 h のブランド k の選択確率を(7.5)式のように定式化した．

$$P_{h|i}^{kt} = \frac{\exp(\alpha_i^k + \beta_i X_{h|i}^{kt})}{\sum_{l=1}^m \exp(\alpha_i^l + \beta_i X_{h|i}^{lt})} \tag{7.5}$$

ここで，α_{ik} はクラス i のブランド k に対する選好，β_i はクラス i の価格反応度，$X_{h|i}^{kt}$ は，消費者 h の t 回目の購買機会におけるブランド k の価格を表す．さらに，クラス i の相対規模を π_i とすると，任意の消費者の t 期におけるブランド k の選択確率を，(7.6)式のように定式化できる．

$$P_h^{kt} = \sum_{i=1}^m \pi_i P_{h|i}^{kt} \tag{7.6}$$

ここで，$\sum_{i=1}^m \pi_i = 1$ である．このように消費者のブランド選択確率を定式化したうえで，彼らは消費者の購買履歴データを利用し実証分析を行った．この結果，ブランド選好度と価格反応度が異なる，5つの潜在クラスを抽出している．

7.2節で説明した方法では，消費者の購買結果によって潜在クラスを抽出した．この方法を利用する場合には，「どの商品を買いやすいのか」という視点でセグメンテーションを実施することになる．購買データを利用し，潜在クラス分析によってセグメンテーションを行う場合は，こうした方法が一般的だと考えられる．

これに対し，Kamakura and Russell（1989）の方法では，購買結果に影響する消費者のブランド選好度やマーケティング活動への反応度の相違を基準として潜在クラスを抽出することができる．この方法をセグメンテーションに活用すれば，セグメントごとのマーケティング計画を立案するうえでの，より具体的な示唆を得ることが可能であろう．

Kamakura and Russell（1989）以来，潜在クラスを考慮したブランド選択モデ

ルに関する研究が数多く行われてきた．それらの多くは，ブランド選好やマーケティング変数への反応の異質性に焦点を当てたものであるが，選好や反応の相違を形成するメカニズムの異質性に焦点を当てた研究もみられる．例えば，Mazumdar and Papatla (2000) は，消費者の内的参照価格と外的参照価格それぞれの重視度の異質性による潜在クラスを考慮し，価格反応の異質性を説明している．また，Bell and Lattin (2000) は，参照効果の相違に焦点を当て，gain（販売価格が消費者の参照価格を下回っている場合）と loss（販売価格が参照価格を上回っている場合）の効果の異質性による潜在クラスを考慮し，モデル化を行っている．さらに，Desarbo et al. (1992) は，第5章で取り上げたコンジョイント分析をベースとして，潜在クラスごとに部分効用値を求めるという方法を提示している．

7.4 潜在クラス・モデルを利用したブランド・ロイヤルティの評価

7.4.1 アプローチの方法

ここでは，上述した潜在クラス・モデルを利用したブランド・ロイヤルティ評価の手法について，守口 (2003) による方法と実証分析結果について解説する．

守口 (2003) の方法では，いずれかのブランドに対してロイヤルティを有するロイヤル・セグメントと，どのブランドにもロイヤルティを持たず特売などを考慮して購入ブランドを決定する特売反応セグメント（ノン・ロイヤル・セグメント）を想定する．仮に対象とするブランド数が5つであれば，5つのブランド・ロイヤル・セグメントと1つの特売反応セグメントからなる6つのセグメントを考慮することになる．

消費者によっては，複数のブランドに対してロイヤルティを有している場合もあるだろう．ここでは，これらの消費者は複数のロイヤル・セグメントに，それぞれのウェイトで同時に属すると考える．例えば，2つのブランドに対して同等のロイヤルティを有している消費者の場合には，0.5ずつのウェイトで両ブランドのロイヤル・セグメントに属すると考える．同様に，特定の1つのブランドだけにロイヤルティを有している消費者の場合には，ウェイト1でそのブランドのロイヤル・セグメントに所属すると考える．

いずれのブランドに対しても強いロイヤルティを持っていない消費者の存在も考えられる．このタイプの消費者の場合には，特定のブランドのロイヤルティ・セグメントに高いウェイトでは所属せず，いろいろなブランドのロイヤル・セグ

メントに，それぞれ低いウェイトで分散して所属すると考える．

このように，ここでは各ブランドに対するロイヤル・セグメントを想定するが，それぞれの消費者がどのセグメントに属するかということを事前に知ることはできないし，各セグメントのサイズ（構成比）を事前に規定することもできない．そこで，潜在クラスを考慮したブランド選択モデルを構築することによって，この問題に対応することとする．上記のように，対象ブランドが5つであれば，5つのブランドそれぞれに対するロイヤル・セグメントを想定することになる．

後述するように，世帯別購買履歴データに潜在クラス・ロジット・モデルを適用した結果から，各世帯のそれぞれのセグメント（潜在クラス）への所属確率を事後的に求めることができる．すなわち，各セグメントの全体の構成比を事前確率とし，それぞれの世帯の購買履歴データを利用して，各世帯がそれぞれのセグメントに帰属する事後確率を求めることが可能である．通常は，この帰属確率は文字どおり，世帯のセグメントに帰属している確率であると解釈される．

守口（2003）では，上述したように世帯の複数ブランドへのロイヤルティを考慮しているため，特定の世帯が複数のブランドのロイヤル・セグメントに同時に所属する場合があると考えている．そのため，上記のように求められる帰属確率を，それぞれの世帯の特定のブランド・ロイヤル・セグメントへの所属ウェイトであると解釈している．

なお，Kamakura and Russel（1989）をはじめとする，既存研究における潜在クラス・ロジット・モデルでは，セグメント数の異なるいくつかのモデルを想定し，各モデルの尤度や AIC，BIC などの値によってデータに最もフィットするセグメント数のモデルが選択される．また，各セグメントがどのような特徴を有するかということは，セグメントごとに推定されたパラメータの値によって解釈される．これに対し，守口のモデルではア・プリオリにセグメント構造（セグメント数と各セグメントの特徴）を規定している点が，従来のモデルとは異なっている．

7.4.2 定式化

まず，セグメント s に属する世帯 h の t 期におけるブランド i の選択確率を，

$$P_s^{ht}(i) = \frac{\exp(V_{is}^{ht})}{\sum_j \exp(V_{js}^{ht})} \tag{7.7}$$

のように，ロジット・モデルを基礎として定式化する．さらに，確定効用 V_{is}^{ht} を，

$$V_{is}^{ht} = D_{is}\theta + \sum_k \beta_k X_{ki}^{ht} \qquad (7.8)$$

のように規定する．ここで，θはブランド・ロイヤルティ係数であり，D_{is}はセグメントsのロイヤル・ブランドがiである場合に1，それ以外は0をとる2値変数である．このD_{is}によって，それぞれのブランドのロイヤルティ・セグメントの確定効用だけに，ブランド・ロイヤルティ係数θが加算されることになる．逆に，どのブランドに対してもロイヤルティを有さない特売反応セグメントでは，いずれのブランドの確定効用にもθは加算されないことになる．

X_{ki}^{ht}は世帯hの購買機会tにおけるブランドiの変数kの値であり，β_kは変数kの影響を表すパラメータである．ここから，世帯hの購買機会tにおけるブランドiの選択確率は，

$$P^{ht}(i) = \sum_s \pi_s P_s^{ht}(i) \qquad (7.9)$$

のように定式化される．ここでπ_sはセグメントsの構成比であり，$\sum_s \pi_s = 1$という制約をおく．このためπ_sを

$$\pi_s = \frac{\exp(\lambda_s)}{\sum_z \exp(\lambda_z)} \qquad (7.10)$$

で定式化し，パラメータλ_sを推定する．

なお，(7.8)式のように，θはそれぞれのセグメントにおけるロイヤル・ブランドへのロイヤルティを表すパラメータであり，その値はセグメント間で（すなわちブランド間で）共通であると仮定している．この値については，セグメント間で異質であると仮定して推定することも可能であるが，守口（2003）の研究では次の理由により，θを共通の値だと仮定している．

ある世帯が特定のブランドに対するロイヤル顧客か否かを識別するには，何らかの一定の基準が必要となる．ロイヤル顧客を識別する基準には，顧客内シェア，連続購買回数などさまざまなものがあり，同じ顧客内シェアを指標とする場合にも，顧客内シェア50％以上をロイヤル顧客と定義する場合もあれば，60％以上とすることもある．このように，どの指標のどの水準を利用するかは，ブランドの状況や分析目的によって異なるが，ブランド間でロイヤルティを比較するためには，同一指標の同一水準を用いる必要がある．上記の理由から，守口（2003）ではロイヤルティ係数のθをセグメント間（ブランド間）で同一としている．

上記のモデルの推定に際しては，(7.11)式の対数尤度を最大化するパラメータを求める．

$$LL = \sum_h \log \left[\sum_s \pi_s \prod_i \prod_t (P_s^{ht}(i)^{y^{ht}_i}) \right] \tag{7.11}$$

7.5 実証分析

7.5.1 データ

守口(2003)の実証分析では,インスタント・コーヒーの購買履歴データが用いられた.対象ブランドは,インスタント・コーヒー・カテゴリーの上位4ブランドおよびその他ブランドである.その他ブランドは上位4ブランド以外のすべてのブランドからなる.なお,利用したデータにおける上位4ブランドの数量ベースでのシェアは約63%となっている.また,上位4ブランドは,それぞれ異なるサイズの製品を有している.ここでは,サイズの相違は無視し,ブランド単位での購入を捕捉している.対象世帯はデータ期間中(1年間)に4回以上インスタント・コーヒーを購入した322世帯である.

分析上考慮されたマーケティング変数は,価格掛率と特別陳列の2つである.価格掛率は,通常価格を1としたときの販売価格の掛率であり,10%引きの販売であれば0.9となる.上述したように,それぞれのブランドはサイズの異なる複数の製品を有しており,サイズによって販売価格が異なる.このため,販売価格そのものを利用することができないため,価格掛率が利用されている.

特別陳列は,当該日における当該ブランドの特別陳列があれば1,それ以外は0をとる2値変数によって捉えられている.

7.5.2 推定結果

推定結果は表7.1に示される.ロイヤルティ係数と,価格および特別陳列の効果パラメータとの間には,

$$3.449 \doteqdot (-7.294) \times (-0.473)$$

または,

$$1.138 \doteqdot 0.855 + (-0.794) \times (-0.356)$$

という関係がみられる.つまり,推定されたブランド・ロイヤルティ係数の大きさは,47.3%の値引きと同等の効果を有しており,特別陳列+35.6%の値引きと同じ効果を有しているのであると解釈できる.このように,ここでのブランド・ロイヤルティ係数は,価格と特別陳列の効果パラメータとの比較によって,価格換算尺度(あるいは価格と特別陳列の双方によって換算した尺度)として捉える

表7.1 推定結果

パラメータ	推定値	t値	p値
θ（ブランド・ロイヤルティ）	3.449	21.282	0.000
β_1（価格）	-7.294	-15.346	0.000
β_2（特別陳列）	0.855	9.032	0.000
λ_1	-0.369	-1.678	0.000
λ_2	-1.439	-4.974	0.000
λ_3	-2.723	-4.793	0.000
λ_4	-2.511	-5.601	0.000
λ_5	-0.625	-2.784	0.006
λ_6	0に固定	—	—
対数尤度	-1660.584		

ことが可能となる．

さらに言えば，(7.9)式におけるθの値をβ_1およびβ_2の関数として規定することによって，任意の水準の価格換算尺度としてブランド・ロイヤルティを操作的に定義したうえで推定を行うことも可能となる．

7.5.3 セグメントの特徴

λ_sの値からそれぞれのセグメントの構成比を求めると表7.2Aのようになる．比較のために，分析データから各ブランドに対して70％ロイヤルティ[注5]を有する顧客の比率をみたものが表7.2Bである．なお，表7.2Bのロイヤルティ指標として70％ロイヤルティが用いられているのは，表7.2Aとの比較のためである．70％ロイヤルティを用いることによって，表7.2Bにおけるノン・ロイヤル・セグメントの構成比が，表7.2Aの特売反応セグメントの数値とほぼ等しくなっており，両者におけるブランドA〜Eのロイヤル顧客構成比が比較しやすくなる．

表7.2A 推定結果から算出した各セグメントの構成比

セグメント	構成比（％）
Aロイヤル	26.5
Bロイヤル	9.1
Cロイヤル	2.5
Dロイヤル	3.1
Eロイヤル	20.5
特売反応	38.3
計	100.0

表7.2B 70％ロイヤルティ基準による各セグメントの構成比

セグメント	構成比（％）
Aロイヤル	21.7
Bロイヤル	10.9
Cロイヤル	6.2
Dロイヤル	1.2
Eロイヤル	21.1
ノン・ロイヤル	38.8
計	100.0

2つの表のブランドCの構成比を比較すると2.5%と6.2%となっている．このことは，表7.2Bに示される購買履歴データの集計からはブランドCのロイヤル顧客がある程度存在するようにみえるが，表7.2Aに現れている実際のロイヤル顧客の推定結果をみるとごく少数しかいないということを示している．

購買履歴データの集計によって算出したロイヤル顧客の中には，特売を理由としてそのブランドを頻繁に買っている顧客が含まれている．これらの顧客は，他ブランドが特売を行っているときにはそのブランドを買っている可能性が高く，表7.2Aのセグメントの中ではブランドCのロイヤル・セグメントではなく，特売反応セグメントに入っていると考えられる．2つの表におけるブランドCのロイヤル顧客構成比の差の背景には上記のような現象があると考えられる．

ブランドCとは逆に，ブランドAのロイヤル顧客に関しては，表7.2Bの構成比（21.7%）よりも表7.2Aの構成比（26.5%）の方が高くなっている．この数値の差は，上述したブランドCとは逆の現象によってもたらされていると判断することができる．このように，守口（2003）のモデルを利用することで，特売の影響を除去したブランド・ロイヤルティの存在を把握することが可能となる．

7.5.4 セグメント内のシェア

世帯hのセグメントsへの所属ウェイトθ_s^hは，

$$\theta_s^h = \frac{\pi_s L_s^h}{\sum_z \pi_s L_s^h} \tag{7.12}$$

で求められる．ここでL_s^hは，世帯hがセグメントsに（ウェイト1で）所属しているという条件のもとで，特定の購買履歴が得られる条件付き尤度である．(7.12)式で求めた世帯別のセグメント所属ウェイトによって各世帯の購買結果を

表7.3　各ブランドのセグメント内シェア（%）

セグメント	ブランド					計
	A	B	C	D	E	
Aロイヤル	76.9	9.8	7.8	0.7	4.8	100.0
Bロイヤル	4.0	85.5	2.3	3.5	4.8	100.0
Cロイヤル	8.6	7.0	76.5	0.9	7.0	100.0
Dロイヤル	2.4	12.7	7.9	57.2	19.7	100.0
Eロイヤル	5.6	0.8	1.8	0.6	91.2	100.0
特売反応	27.3	10.5	24.6	7.5	30.2	100.0
全体	29.4	14.5	13.4	5.3	37.4	100.0

重みづけし，各ブランドのセグメント内シェアを算出した結果が表7.3である．

例えば，Aロイヤル・セグメント内ではブランドAのシェアが76.9%であり，Bロイヤル・セグメント内におけるブランドBのシェアは85.5%となっている．このように，各ブランドはそれぞれのロイヤル・セグメントにおいて高いシェアを有しているが，その中でブランドDについては，ロイヤル・セグメント内でのシェアが57.2%と相対的に低くなっている．表の結果とあわせて考えると，ブランドDのシェアの低さは，ロイヤル・セグメントのサイズが小さく，かつロイヤル・セグメント内でのシェアが低いことに起因していることがわかる．

特売反応セグメント内におけるシェアを比較すると，ブランドCの値が相対的に高くなっている．先述したように，ブランドCのロイヤル・セグメントのサイズは非常に小さいにもかかわらず全体のシェアが13.4%と比較的高い値になっている大きな理由が，特売反応セグメントにおけるシェアの高さにあるのだと理解できる．

7.6 まとめ

本章では，潜在クラスモデルを利用したロイヤルティ・セグメンテーションの方法について説明し，購買履歴データを利用した実証分析について，守口（2003）をもとにした解説を行った．

POSデータのような売上データや，顧客ID付きPOSデータのような購買履歴データを用いてブランドの評価を行う手法の多くは，第1章で整理した評価方法のうち「マーケティング成果をベースとしたブランド評価」に相当する．本章で紹介した方法も，付加価値としてのブランドではなく，製品パフォーマンスを含む総体としてのブランドの評価を行うための手法である．

この視点でブランド力を評価するために，古くからブランド・ロイヤルティを測定する方法が用いられてきた．具体的な測定尺度には，第1章で説明したとおり，購買比率，連続購買回数，リピート購買確率などがある．これらの尺度は，購買履歴データを単純に集計しただけで求めることが可能であり，実務においても多く用いられている．ただし，先述したとおり，このような購買の結果に対しては，ブランド力だけではなく価格やプロモーションなどの影響も含まれていることに留意する必要がある．

本章で説明した手法は，ロイヤル・セグメントと特売反応セグメントに顧客を分割し，各ブランドのロイヤル・セグメントの構成比と，セグメント内のシェア

によってブランドの評価を行うものである．したがって，本章の方法は，上記のようなセグメントに顧客を分割することによって，ブランド・ロイヤルティに基づく購買と価格やプロモーションに起因した購買とを区分けしていることになる．

　また，本章では焦点を当てていないが，顧客ID付きPOSデータなどを利用することによって，それぞれのブランドのロイヤル・セグメントと特売反応セグメントに属する消費者のデモグラフィックなどの属性を整理することもできる．

　以上のように，顧客セグメントの特徴を勘案しながらブランド評価を行うことは，ブランド・ロイヤルティをキーとして総体としてのブランドを評価するための有効な手法の1つになると考えられる．

■注

(1) 顧客の利用や購買の実態をカードの提示などによって捕捉し，回数や金額に応じて特典を提供することで顧客ロイヤルティを強化しようとする仕組み．航空業界のフリクェント・フライヤー・プログラムを契機として，小売業界のフリクェント・ショッパー・プログラムなどにひろがり，一般化した．
(2) 調査会社が組織化したパネラーの購買履歴を捕捉したデータ．データ取得のやり方には，調査会社がパネラーに提供した商品バーコードの読み取り機を利用し，買物した商品のバーコードをパネラー自身が読み取ってデータを送信する方法などがある．
(3) EMアルゴリズムについては，渡辺・山口（2000）に詳細な解説がある．
(4) マーケティングにおける潜在クラス分析の応用については，渡辺（2001），阿部・近藤（2005）などで詳しく紹介されている．
(5) 特定ブランドの期間中購入数量が，カテゴリー全体の期間中購入数量の70％以上であるということを基準としたロイヤルティ指標．

8. ベイジアン・モデリングによる動的ブランド診断(注1)

- マーケティング解析においてベイジアン・モデリングは，現在，必要不可欠の手法になっている．特に「消費者異質性」や「時間的異質性」といったマイクロな情報をデータから評価するには，ベイズ・モデルの力を存分に活用しなければならない．本章では，「時間的異質性」に焦点を当てた，動的なブランド評価手法を紹介する．
- 一般に，競合ブランド数は新製品の市場導入により変化する．今日，新製品導入は消費財メーカーにとって必要不可欠な戦略であり，実際に数多くの新製品が市場に投入されてきている．そのような状況下で効果的にマーケティング活動を実践するためには，新製品投入によって既存ブランドがどのように影響を受けるかを知らなければならない．
- 新製品投入による競合商品数の変化を許容するベイズ・モデルによって，次に示す3つの視点から動的なブランド評価を実施できる．1) ブランド間の交差価格弾力性の差の減少によって示される，既存ブランドの商品間差異の縮小．2) トレンドの減少によって示される，商品力の低下．3) 価格弾力性の絶対値の減少で示される，値引効果の低下．

8.1 はじめに

スーパーマーケットで販売されている商品カテゴリーでは，商品の改廃が非常に高い頻度で起こる．多くの新商品が店頭に導入される代わりに，既存商品の多くが店頭から消えていっている．そのため，企業が商品開発に要したコストを回収できない事態も発生しているが，営利企業である限り，このようなことは当然好ましくない．ではなぜこういったことが生じてしまうのであろうか？ その理由の1つは，「消費者ニーズの多様化に対応する」というお題目のもとなされているマーケティング施策が，実は適切に実行されていないからである．多くの消費者は，「人とは違うものを持ちたい」「自分の好みにあった商品を購買したい」といったニーズを多かれ少なかれいだいている．その意味では，「消費者ニーズの多様化に対応する」というマーケティングの方向性は正しい．しかし，それが正しい

8.1 はじめに

のは，消費者ニーズを的確に捉えられたときだけである．的確に消費者ニーズを捉えられなければ，誤ったマーケティング活動に必ずつながる．今日，消費者ニーズの多様化を正確に捉えるには，データベースに蓄積されたデータを含め，さまざまな情報を十分に活用しなければならない．さまざまな情報から消費者の行動の背後にある消費者ニーズなどのインサイトを正確かつ緻密に捉え，日々変化する消費者のブランドに対する評価を的確に把握しなければ，マーケティング活動の高度化は実現できない．

商品改廃頻度の高まりは，小売マーケティングの基盤である消費者購買データのデータベースの構造にも大きく影響する．新商品が市場導入されれば，既存商品間の競争構造やマーケティング変数に対する消費者反応は連続的に変化する．しかし，個別商品のデータは，データベース上にある限定された期間しか存在せず，「商品間の競争構造」や「消費者反応」の連続的な変化といった動的情報抽出は，データが大量に蓄積されるようになった現代でも大きな課題のままである．工夫をしない限り，既存のデータ活用のみを前提とする分析では，ブランド間で共通の期間に利用可能なデータ量が少ないため問題が生じてしまう．従来の枠組みでは，こういった状況に適切に対応できず，課題解決につなげられない．そこで登場するのが，次節で紹介するベイズ・モデルである．ベイズ・モデルは非常に柔軟なモデリングの枠組みであり，現実の構造を適切に反映したモデリングが実現できる．

本章に示す解析事例では，前段に示した課題に対応し，新商品の市場投入で競争構造が不連続的に変化する場合にも，連続的に動く市場反応のモデル化の枠組みと動的ブランド診断の考え方を紹介する．具体的なモデル化で生じる問題は，競合する商品数（観測次元）が期間ごとに変化することである．観測次元が変化するデータの解析には，通常，2つの方策がある．1つ目は，低い方の観測次元にあわせて解析するアプローチであり，2つ目は，観測次元が変化する時点でデータを分けて，それぞれ独立に解析するアプローチである．1つ目の方策は，観測次元を低い方にあわせているため情報に損失をきたす．一方，2つ目の方策は，データをある期間ごとに分けてそれぞれ独立に解析するため，データに内在している動的な特性を捉えきれない．動的観点からのブランド診断を考えた場合，これらの解析法では不十分であり，それが本章に示す研究のモチベーションになっている．

本章では，観測次元が変化する現象から動的特性を抽出するための統一的な枠組みを紹介する．次に，提案した枠組みを実際のPOSデータへ適用し，具体的には，新商品が市場に投入された際に既存商品に対する消費者の価格反応がどのよ

うに変化するかを推定する．最終的に，その結果に基づく動的ブランド診断の考え方を提示する．次節には，それら解析事例の紹介に先立ち，本章のモデル化の基礎技術であるベイズ・モデルの周辺を概観する．

8.2 ベイズ・モデル

8.2.1 マーケティングにおけるベイズ・モデルの必要性

　マーケティング分野では，「マイクロ・マーケティング」という活動がその有効性から脚光を浴びている．マイクロ・マーケティングは，個人，個別世帯，個別時点，個別エリアなど，非常にマイクロな単位に焦点を当てたマーケティング活動の総称で，マス型のマーケティング活動の限界から生じた活動である．ワン・トゥー・ワン・マーケティングや顧客関係性マネジメント（customer relationship management：CRM）といった活動は，マイクロ・マーケティングの1つの実現形態と考えてもらえればよい．

　このマイクロ・マーケティングは，個に対する適切な情報に基づき，その活動を実施することではじめて有効に機能する．問題は，個に関する情報とは何かである．マーケティング分野では，「消費者異質性」や「動的異質性」という言葉が，個に関する情報に関連して注目されている．図8.1には，消費者の異質性を

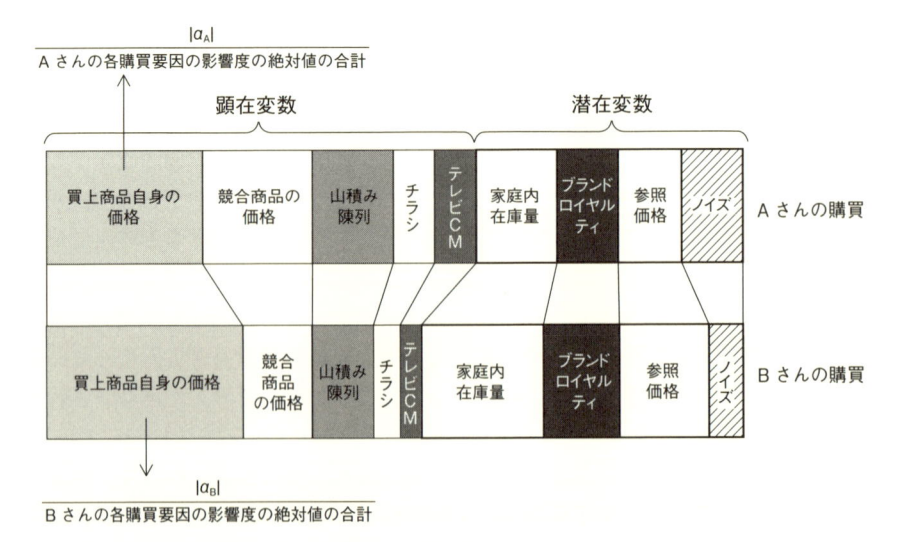

図8.1　消費者異質性の概念

説明するために「購買要因の影響度の絶対値」を積み上げ横棒グラフとして模式的に示した．ここで，各要因の影響度は，通常 $\alpha \times$（買上商品自身の価格）や $\beta \times$（競合商品の価格）というように，パラメータと変数の掛算で算定できるとする．説明をわかりやすくするために，ここに示す2人は同一日に，同一の商品を同一の場所で購買したものと仮定する．すなわち，図に示す観測変数（買上商品自身の価格，競合商品の価格，山積み陳列実施の有無，チラシ，テレビCM）は共通である．観測変数は顕在変数とも呼ぶ．一方，潜在変数（家庭内在庫量，ブランド・ロイヤルティ，参照価格，ほかの要因（ノイズ）は，そもそも個人ごとに異なるメカニズムで構成される変数である．なお，説明の都合上，各購買要因の影響度の絶対値の合計は同一の量になると仮定する．

図8.1から読み取ってほしいことは，同一日に同一商品を同一の場所で購買したとしても，人が違えば購買に至るメカニズムに差が生じる点である．例えば，説明変数である「買上商品自身の価格」と「競合商品の価格」（どちらも顕在変数）を例にAさんとBさんの構造の違いを検討してみる．商品自身の価格影響度をみてみると，Bさんの方がAさんよりもその影響度が相対的に大きい．一方で，競合商品の価格は買上商品の価格とは逆の構造で，Aさんの方がBさんよりも競合商品の価格の影響を受けている．前述した影響度の定義に立ち戻ると，購買に至るメカニズムに差が生じる主たる理由は，説明変数の影響度パラメータである α や β が人ごとに異なる，上記の例だと，$|\alpha_A| < |\alpha_B|$ や $|\beta_A| > |\beta_B|$ となるからであるとわかる．下付きの添え字のA，Bは，Aさん，Bさんを表す．個人ごとのパラメータ値の違いが，消費者異質性と呼ぶ概念の直観的表現になる．実際には，その構造を取り込んだモデルを仮定し，推定された個人ごとのパラメータ値に大きな差があれば消費者異質性が強いと，逆の場合は消費者異質性は小さいと判断する．「動的異質性」に関しては，ある1人のCさんをイメージしてもらい，図8.1のAをCさんの $t-1$ 時点の購買と，BをCさんの t 時点の購買と読み換えてもらえばよい．「動的異質性」の概念は，同一の個人であっても時点が異なれば，その反応に違いが生じるというものである．後述する本章の解析事例では，この動的異質性の考え方を援用する．

個に関する情報の重要性は，上述の議論で理解してもらえたと思う．しかし，ここで問題になるのは，個に関する情報をどうやってデータから抽出するかである．前段で説明した図8.1に示す消費者ごとのパラメータを想定すると，1つの変数だけでも少なくとも人数分のパラメータを推定しなければならない．すなわち，データ数よりも推定するパラメータ数の方が多いという状況（新NP問題）

になる (樋口, 2012). 通常の統計的モデリングの範疇の技術では, こういったモデルの推定はできない. NP困難なモデルでも, 妥当にパラメータ推定ができるように工夫したアプローチが「ベイジアン・アプローチ」であり, その考え方に基づくモデル化を「ベイジアン・モデリング」と呼ぶ. また, ベイジアン・モデリング技法を用いて定式化したモデルを「ベイズ・モデル」と呼ぶ. マーケティング分野では, 昨今, ベイズ・モデルを用いた膨大な研究群が出現しており, 当該分野で最も脚光を浴びるモデリング技法になっている. 次項には, ベイズ・モデルの構造の概略を示す. なお, 本項のより踏み込んだ議論は, 佐藤・樋口 (2013) を参照してほしい.

8.2.2 ベイズ・モデルの構造

本項には, ベイズ・モデルの概要を示す. 以降では y_n, x_n は, 時刻 n あるいは個人 n の観測データ・ベクトル, パラメータ・ベクトルを, それぞれ示す. なお, ベイズ・モデルの詳細は, 樋口ら (2007) や樋口 (2011) を参照してほしい.

従来の統計モデリングではデータ・ベクトル y_n を少ないパラメータで表現できるモデルが良いモデルとされてきた. 所謂, けちの原理 (principle of parsimony) である. この原理を極論すれば, どのようなデータであったとしても, 平均と分散のパラメータのみで規定される正規分布から得られたと仮定するといったような, 極少数のパラメータを持つ同分布から独立に得られたと仮定することが望ましくなる. 一方, パラメータ数を増やせば統計モデルの記述能力 (データへの当てはまり) は向上するが, 汎化能力と呼ばれる将来のデータの予測能力が減少する. この問題への対策として, パラメータ x_n ベクトルについても統計モデル $p(x_n|\theta)$ を想定するのがベイズ・モデルである. この $p(x_n|\theta)$ をベイズ統計では事前分布と呼ぶ. θ は, パラメータ・ベクトルの分布を規定するパラメータになるので, ベイズ統計学では超パラメータと呼ぶ. ただし, x_n と θ の違いは, 読者にとってわかりづらいものかもしれない. ここでは, x_n は時間の進展に伴って変動するパラメータや人ごとに異なるパラメータを, θ は x_n を規定する時点や個人の違いで差がない (共通の) パラメータを想起して, 以降の説明を読んでほしい.

はじめに, ベイジアン・モデリングで最も重要なベイズの定理を導入する.

ベイズの定理

$$p(x_n, \theta|y_n) = \frac{p(y_n|x_n, \theta)p(x_n, \theta)}{p(y_n)}$$
$$\propto p(y_n|x_n, \theta)p(x_n|\theta)p(\theta) \tag{8.1}$$

8.2 ベイズ・モデル

θ の事前分布 $p(\theta)$ — θ という情報（パラメータ）の不確実性を表現するモデル

x_n の事前分布 $p(x_n|\theta)$ — θ という情報（パラメータ）が与えられたもとでのパラメータ x_n の挙動を表現するモデル

x_n の添え字 n が個人を表す場合は個人ごとの，時点を表す場合は時点ごとのパラメータを表現できる．

y_n の尤度 $p(y_n|x_n, \theta)$ — x_n という情報（パラメータ）が与えられたもとでのデータ y_n の発生メカニズムを表現するモデル

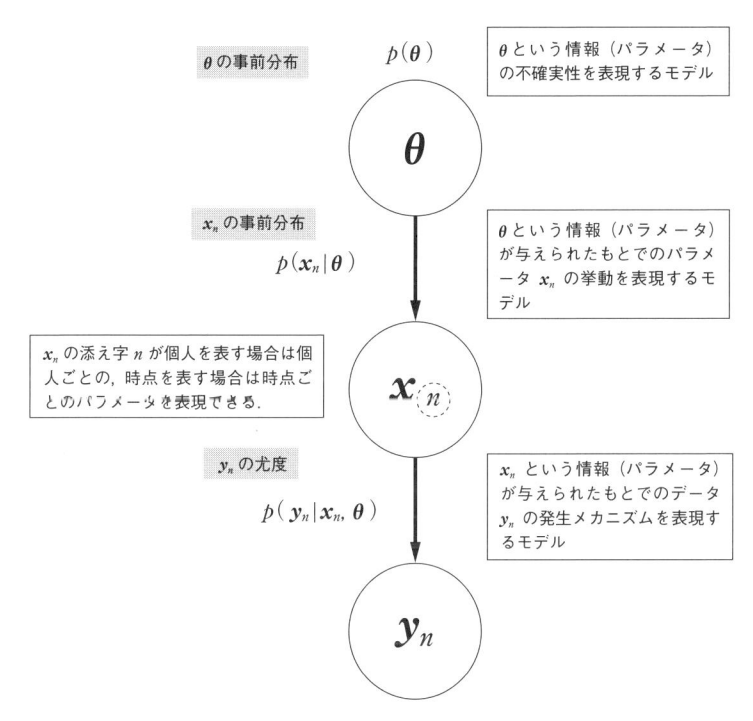

図 8.2　ベイズ・モデルの構造

$$= (y_n \text{の尤度})(x_n \text{の事前分布})(\theta \text{の事前分布})$$

ここで，すでに手元にあるデータ y_n の発生確率 $p(y_n)$ は x_n, θ によらない数値をとるので，事後分布 $p(x_n, \theta|y_n)$ は (8.1)式の第 2 行に比例する．(8.1)式の最上段に示すベイズの定理は，想定した事前分布 $p(x_n, \theta)$ がデータによりどのように修正されるのか，つまりパラメータ x_n, θ に関する不確実性がデータによりどう減じられるのかのメカニズムを示す．また，この事前分布の導入により，多数のパラメータも安定して推定できるようになり，結果として高い予測能力とデータ記述能力を同時に持つ複合統計モデルが構成できる．ベイジアン・モデリングでは，(8.1)式の左辺 $p(x_n, \theta|y_n)$ を事後分布と呼び，マイクロ・マーケティングの具体的な推論のほとんどはこの事後分布をもとにする．図 8.2 は，(8.1)式で示す構造を明確にするために模式的に示したものである．

ベイズ・モデルを用いた推測（ベイズ推測）における最大の問題は，事前分布の設定方法である．すなわち，事前分布の投入具合，つまり事前分布への信念の置き具合をどのように決めるのかという問題である．これには，事前分布にもパ

ラメータを導入することで自由度を残し，データ処理前の事前分布の決め打ちを避けることで対処する．つまり事前分布を決め打ちするのではなく，未知の超パラメータ θ を含む $p(x_n|\theta)$ で与えるのである．ベイズ推測の手法間では，この超パラメータ θ の推定法の違いによって下記のような区別がある．

ベイズ・モデルのタイプ

1) フル・ベイズ法：超パラメータ θ に対してもさらに不確実性を許容し，(8.1)式に示すようになにがしかの超パラメータに関する事前分布 $p(\theta)$ を具体的に計算に導入し，さまざまな積分操作によって推論を行う．
2) 経験ベイズ法：超パラメータの事前分布は一様分布と考え，周辺尤度 $p(y_n|\theta) = \int p(y_n|x_n, \theta) p(x_n|\theta) dx_n$ の最大化によって超パラメータ θ を決定した後，諸々の推論を行う．なお，データ y_n は所与であるので，左辺は超パラメータ θ の関数になる．

フル・ベイズ法の推定は，通常マルコフ連鎖モンテカルロ法（MCMC 法）で履行する．MCMC 法は，多変量の事後分布を用いてパラメータの推論を行う際に，必要となる多重積分を超多数のサンプルを用いるシミュレーション（つまりモンテカルロ積分）によって解く方法であり，区分求積法の数値積分による方法に比べて精度が高い．シミュレーションでは，多変量事後分布からサンプルを発生させて，得られたサンプルを用いてパラメータの事後分布の期待値を求める．この周辺に興味のある読者は，Rossi *et al.* (2006) や照井 (2008) を参照してほしい．経験ベイズ法ではフル・ベイズ法とは異なり，上述の周辺尤度を準ニュートン法などの数値的な手法で最大化する（最尤法）ことで超パラメータの推定を行う．技術的な詳細については，樋口 (2011) を参照してもらえればよい．

推定アルゴリズムを構成するために，事前分布，尤度および事後分布の関係性

表 8.1 自然共役分布の例

事後分布	尤度	事前分布	適用例
正規分布	正規分布	正規分布	回帰係数
逆ガンマ分布	正規分布	逆ガンマ分布	回帰モデルの分散
逆ウィッシャート	多変量正規分布	逆ウィッシャート	分散共分散行列
ベータ分布	2 項分布	ベータ分布	発生確率
ガンマ分布	ポアソン分布	ガンマ分布	ポアソン分布の平均

に関する重要な概念である.「自然共役事前分布族」を導入する.事前分布に尤度を乗じた際に,事前分布で仮定した分布と同じ分布族に属する事後分布が得られる事前分布を自然共役事前分布と呼ぶ.表8.1にはその代表的な例を示す.モデルが自然共役の族に属する場合,パラメータの事後分布が陽に表現できるため,効率的な推定アルゴリズムを導出できる.

8.2.3 ベイズ・モデルの推定法

本項では,ベイズ・モデルの推定法を簡単に説明する.ベイジアン・モデリングでは,通常の統計的モデルと同様にデータが観測される仕組みを表すモデル,$p(y_n|x_n, \theta)$を与えるとともに,そのモデルに含まれるパラメータの事前分布$p(x_n|\theta)$,$p(\theta)$も与えなければならない.事前分布もモデリングする点が,通常の統計的モデリングと異なる.モデル化における違いは,大雑把にいってその点だけである.しかし,この違いは本質的に大きな違いを生じさせている.通常の統計的アプローチでは,パラメータを最尤法などを用いて「点推定値」として1点に決め打ちする.一方で,ベイジアン・モデリングではパラメータを1つに定めるのではなく,その確率分布を推定する.その推定メカニズムを表現するのがベイズの定理,(8.1)式になる.モデルを推定するためには,ベイズの定理を実現するアルゴリズムを構成しなければならない.表8.2には,ベイズ・モデルの推定法を「モデルの特性:自然共役性の性質が使用できるか否か」と「モデルのタイプ:時系列モデルかより一般的なモデルか」で分類して示した.種々のアルゴリズムが存在している.「一般の統計モデル(含:時系列モデル)」の列のアルゴリズムは,マルコフ連鎖モンテカルロ法(MCMC法)に含まれる.一方,「時系列モデルのみで成立」の列のアルゴリズムは,状態空間モデル(時系列のベイズ・モデル)のモデル推定で使用するアルゴリズムである.

本書では紙幅の都合上,個々のアルゴリズムの詳細はこれ以上言及しない.興味のある読者は照井(2008),佐藤・樋口(2013)(MCMC法関連)や樋口(2011),

表8.2 推定アルゴリズムの分類

モデルの特性	一般の統計モデル(含:時系列モデル)	時系列モデルでのみ成立
自然共役性が成立	ギブス法 フォワード・フィルタリング/バックワード・サンプリング法	カルマン・フィルタ・固定区間平滑化
自然共役性が不成立	メトロポリス−ヘイスティング法	非ガウス型フィルタ/固定区間平滑化 粒子フィルタ/固定ラグ平滑化

佐藤・樋口（2013）（時系列モデル関連）などを参照してほしい．

8.3 動的ブランド診断のためのモデル

本節では，新商品導入などで競合商品数に変化が生じる場合を想定し，動的にブランド診断する枠組みを説明する．説明をわかりやすくするために以降では，競合ブランド数の変化する点が1時点のみであり，前半期間および後半期間の観測期間がそれぞれ2次元，3次元のケースを想定し解説を行う．ただし，本提案の枠組みおよびモデルは，より一般的なケースにも容易に拡張できる．なお，本節で紹介する事例は時系列解析におけるベイズ・モデルである状態空間モデルを用いたものである．マーケティングにおける状態空間モデルの適用に関しては，佐藤・樋口（2013）を参照してほしい．

8.3.1 モデル

本項では実際の POS データへの適用を想定し，はじめに消費者の市場反応モデルを導入する．マーケティングでは通常，消費者の市場反応を次のようにモデル化する．

$$y_n = a^0 + a^1 z_n^1 + a^2 z_n^2 + \cdots + a^p z_n^p + \epsilon_n, \quad \epsilon_n \sim N(0, \sigma^2) \quad (8.2)$$

ここで，y_n は時刻 n でのある商品の販売個数を，$z_n^1, \cdots, z_n^p$ は自商品，競合商品の価格などの説明変数を示す．さらに，$a^0, \cdots, a^p$ は価格などの影響度を示す時間固定のパラメータである．しかしながら，動的なブランド診断を行うためには時間固定のパラメータでは不十分である．

上述の問題点を回避するために通常は，平滑化事前分布（樋口，2011）を導入し，パラメータの時間変化を許容する．平滑化事前分布により，(8.2)式に含まれるパラメータを時変パラメータに拡張するためには，パラメータを下記のようにモデル化すればよい．

$$a_n^j = c a_{n-1}^j + v_n^j, \quad j = 1, \cdots, p \quad (8.3)$$

上記式中，c は前期までのパラメータの残存効果を示すパラメータである．また，v_n^j はパラメータの時間変化を導入するために導入された確率項である．

本項では，(8.2)式を拡張して，前半・後半期間それぞれで次のように定式化する．表8.3はモデル内に含まれる変数とデータとの対応を示している．表8.3中，点数 PI，価格掛率はそれぞれ，来店客1000人当たり販売点数，売価／最大売価を示す．

8.3 動的ブランド診断のためのモデル

（前半期間）

$$y_n^1 = t_n^1 + \alpha_n^1 z_n^1 + \beta_n^1 z_n^2 + \delta_n^1 y_{n-1}^1 + \lambda_n^1 y_{n-1}^2 + \epsilon_n^1 \tag{8.4}$$

$$y_n^2 = t_n^2 + \alpha_n^2 z_n^1 + \beta_n^2 z_n^2 + \delta_n^2 y_{n-1}^1 + \lambda_n^2 y_{n-1}^2 + \epsilon_n^2 \tag{8.5}$$

（後半期間）

$$y_n^1 = t_n^1 + \alpha_n^1 z_n^1 + \beta_n^1 z_n^2 + \delta_n^1 y_{n-1}^1 + \lambda_n^1 y_{n-1}^2 + \gamma_n^1 z_n^3 + \eta_n^1 y_{n-1}^3 + \epsilon_n^1 \tag{8.6}$$

$$y_n^2 = t_n^2 + \alpha_n^2 z_n^1 + \beta_n^2 z_n^2 + \delta_n^2 y_{n-1}^1 + \lambda_n^2 y_{n-1}^2 + \gamma_n^2 z_n^3 + \eta_n^2 y_{n-1}^3 + \epsilon_n^2 \tag{8.7}$$

$$y_n^3 = t_n^3 + \alpha_n^3 z_n^1 + \beta_n^3 z_n^2 + \delta_n^3 y_{n-1}^1 + \lambda_n^3 y_{n-1}^2 + \gamma_n^3 z_n^3 + \eta_n^3 y_{n-1}^3 + \epsilon_n^3 \tag{8.8}$$

表 8.4 に示すパラメータは，表 8.3 のように変数を設定した場合，POS データを用いてブランド診断を行ううえで，特に重要な意味を持つ．「トレンド」とは，値引きによらない商品の販売量を示しており，その意味で商品力の代理指標になる．「価格弾力性」は，各商品自身の 1% 値引きによって，自身の売上が何 % 伸びるかを示す指標であり，自身の値引きの効果を示す指標になる．さらに「交差価格弾力性」は，競合商品の 1% の値引きにより自商品の売上が何 % 減少するかを示す指標であり，競合間の優位性を示す指標になる．これらのより詳細な説明は 8.4.3 項に示す．なお，式中 $\delta_n^i, \lambda_n^i, \eta_n^i$ は，商品 1，商品 2，商品 3 の前日の売上が i 商品の売上に与える影響をそれぞれ示す．

次項には，(8.4)〜(8.8) 式に示した 1 変量の時変係数回帰モデルを，期間ごとに誤差項間の相関を考慮し得るように多変量回帰モデルに拡張し，状態空間モデル表現したものを示す．

表 8.3 変数表

記号	変数
y_n^1	商品 1：点数 PI の自然対数
y_n^2	商品 2：点数 PI の自然対数
y_n^3	商品 3：点数 PI の自然対数
z_n^1	商品 1：価格掛率の自然対数
z_n^2	商品 2：価格掛率の自然対数
z_n^3	商品 3：価格掛率の自然対数

表 8.4 状態変数の解釈

状態	対象	意味
t_n^1	商品 1	トレンド
t_n^2	商品 2	トレンド
t_n^3	商品 3	トレンド
α_n^1	商品 1	価格弾力性
α_n^2	商品 2	商品 1 との交差価格弾力性
α_n^3	商品 3	商品 1 との交差価格弾力性
β_n^1	商品 1	商品 2 との交差価格弾力性
β_n^2	商品 2	価格弾力性
β_n^3	商品 3	商品 2 との交差価格弾力性
γ_n^1	商品 1	商品 3 との交差価格弾力性
γ_n^2	商品 2	商品 3 との交差価格弾力性
γ_n^3	商品 3	価格弾力性

8.3.2 状態空間モデル表現

本項では 8.3.1 項に示したモデルの状態空間モデル表現を示す．モデルは，前半期間，後半期間それぞれで状態空間モデルにより次のように表現される．状態空間モデルに関しては，本章の付録を参照のこと．図 8.3 はそれぞれのモデルの構造を示している．

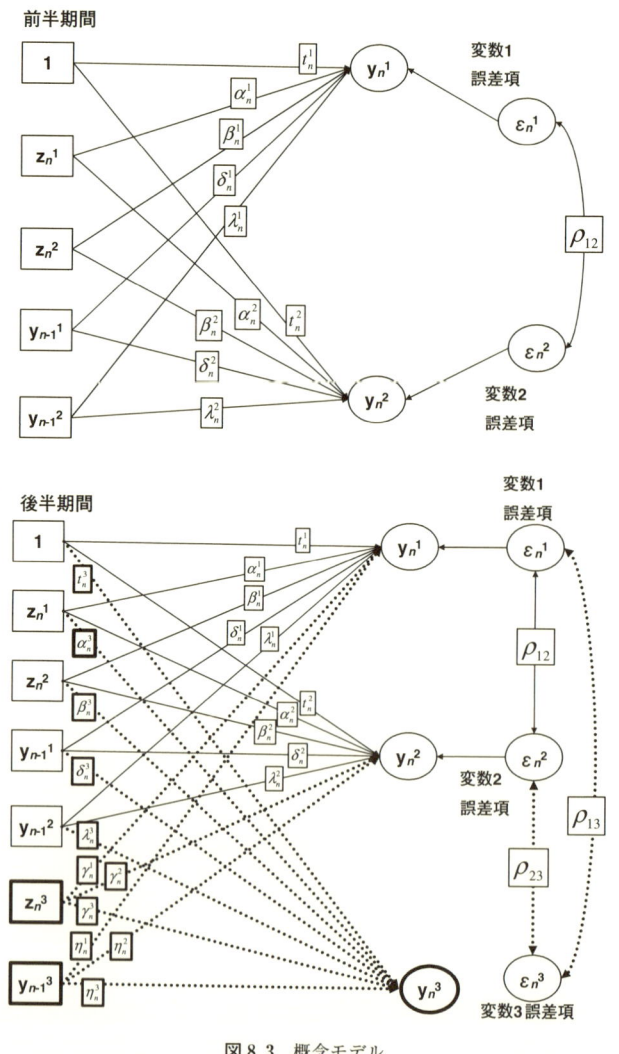

図 8.3 概念モデル

8.3 動的ブランド診断のためのモデル

（前半期間）

システム・モデル $\quad x_n^f = F_n^f x_{n-1}^f + v_n^f \quad (8.9)$

観測モデル $\quad y_n^f = H_n^f x_n^f + w_n^f \quad (8.10)$

（後半期間）

システム・モデル $\quad x_n^s = F_n^s x_{n-1}^s + v_n^s \quad (8.11)$

観測モデル $\quad y_n^s = H_n^s x_n^s + w_n^s \quad (8.12)$

上記式中，y_n^f, y_n^s はそれぞれ $[y_n^1, y_n^2]^t$, $[y_n^1, y_n^2, y_n^3]^t$ とし，w_n^f, w_n^s はそれぞれ $[\epsilon_n^1, \epsilon_n^2]^t$, $[\epsilon_n^1, \epsilon_n^2, \epsilon_n^3]^t$ とする．H_n^f, x_n^f, H_n^s および x_n^s に関しては，下記のように仮定した．

$$H_n^f = \begin{bmatrix} 1 & 0 \\ z_n^1 & 0 \\ z_n^2 & 0 \\ 0 & 1 \\ 0 & z_n^1 \\ 0 & z_n^2 \\ y_{n-1}^1 & 0 \\ y_{n-1}^2 & 0 \\ 0 & y_{n-1}^1 \\ 0 & y_{n-1}^2 \end{bmatrix}^t, \quad x_n^f = \begin{bmatrix} t_n^1 \\ \alpha_n^1 \\ \beta_n^1 \\ t_n^2 \\ \alpha_n^2 \\ \beta_n^2 \\ \delta_n^1 \\ \lambda_n^1 \\ \delta_n^2 \\ \lambda_n^2 \end{bmatrix}$$

$$H_n^s = \begin{bmatrix} H_n^{ft} & & 0 \\ 0 & 0 & 1 \\ 0 & 0 & z_n^1 \\ 0 & 0 & z_n^2 \\ 0 & 0 & y_{n-1}^1 \\ 0 & 0 & y_{n-1}^2 \\ z_n^3 & 0 & 0 \\ 0 & z_n^3 & 0 \\ 0 & 0 & z_n^3 \\ y_{n-1}^3 & 0 & 0 \\ 0 & y_{n-1}^3 & 0 \\ 0 & 0 & y_{n-1}^3 \end{bmatrix}^t, \quad x_n^s = \begin{bmatrix} x_n^f \\ t_n^3 \\ \alpha_n^3 \\ \beta_n^3 \\ \delta_n^3 \\ \lambda_n^3 \\ \gamma_n^1 \\ \gamma_n^2 \\ \gamma_n^3 \\ \eta_n^1 \\ \eta_n^2 \\ \eta_n^3 \end{bmatrix}$$

F_n^f, F_n^s は次に示す対角行列を仮定した．上付き添え字の t は転置を表す．

$$F_n^f = \begin{bmatrix} c^1 & 0 & \cdots & 0 \\ 0 & c^2 & & 0 \\ \vdots & & \ddots & \vdots \\ 0 & 0 & 0 & c^{10} \end{bmatrix}, \quad F_n^s = \begin{bmatrix} F_n^f & 0 & \cdots & 0 \\ 0 & c^{11} & & \vdots \\ \vdots & & \ddots & \vdots \\ 0 & 0 & \cdots & c^{21} \end{bmatrix}$$

上記 F_n^f, F_n^s に含まれる $c^1, \cdots, c^{21}$ は過去の影響がどの程度現在の状態に残存するかを示すパラメータで，最尤法で決定される．システム・ノイズ，$\boldsymbol{v}_n^f$, $\boldsymbol{v}_n^s$ は，それぞれ $(v_n^1, \cdots, v_n^{10})'$, $(v_n^{ft}, v_n^{11}, \cdots, v_n^{21})'$ とする．このシステム・ノイズは状態ベクトルの時間変化（時変パラメータ）を実現するために導入された確率項である．次項には，データに内在する情報を損失せずに，2つのモデルの状態をどのように推定（学習）するかを示す．

8.3.3 推定アルゴリズム

本項には，前項の2つのモデルの状態推定をどのように統一的に行うかを示す．観測次元が切り換わる時点以外の状態推定は，カルマン・フィルタ/固定区間平滑化のアルゴリズムで履行する（本章の付録参照）．そのため，本項では特に，次元が切り換わる時点に焦点を当て，状態の平均ベクトルと分散共分散行列の更新法を説明する．

図8.4は状態推定の全体の流れを示している．ここでの重要な点は，観測次元

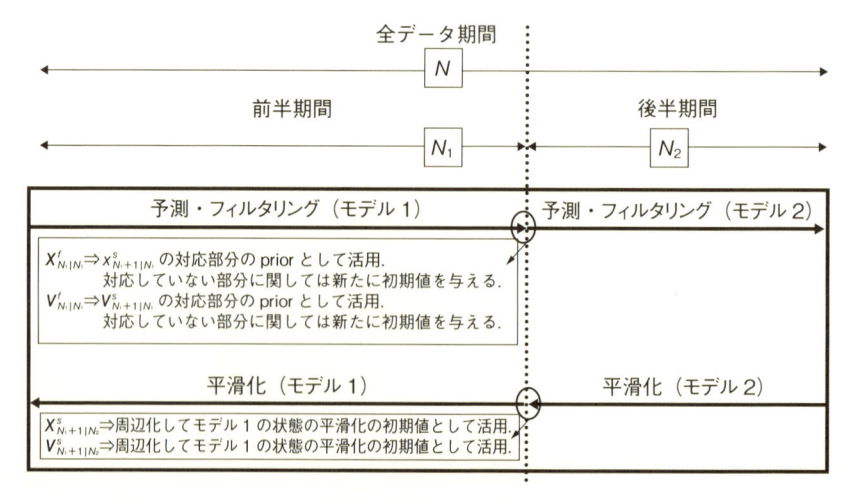

図8.4 推定のフロー

8.3 動的ブランド診断のためのモデル

の切換時点（競合商品数の変化時点）でそれまでの期間の情報（予測・フィルタ・ステップでは前半期間，平滑化のステップでは後半期間に対応）を次の期間のモデルへどのように伝達させるかという点である．状態空間モデルにおいては，データから得られる情報は状態ベクトル（x_n）に集約されている．そのため，切り換わる時点における状態の初期値を，効果的に次の期間の状態に伝達できれば，動的情報の損失を防ぐことができる．特に，本設定では，モデルが線形・ガウス型のモデルであるため，状態の平均ベクトルと分散共分散行列のみを考慮すればよい．図8.5，8.6はそれぞれ本モデルにおける，平均ベクトルと分散共分散行列の情報伝達の考え方を示した．

予測・フィルタリングのステップにおいて，前・後半に共通して存在する状態変数の場合，前半期間の最終時点のフィルタリング結果を事前分布として後半期間の状態推定（予測・フィルタリング）の初期値として与える．一方，後半期間のみに存在する状態変数は，新たに初期値を与えることで後半期間の状態推定を実施する．なお，8.4節に示す解析では，後半期間のみに存在する状態変数に対して，8.3.4項に示す事前回帰分析を用いた分析方法によって初期値を与えている．分散共分散行列に関しても同様である．平滑化のステップでは，後半期間

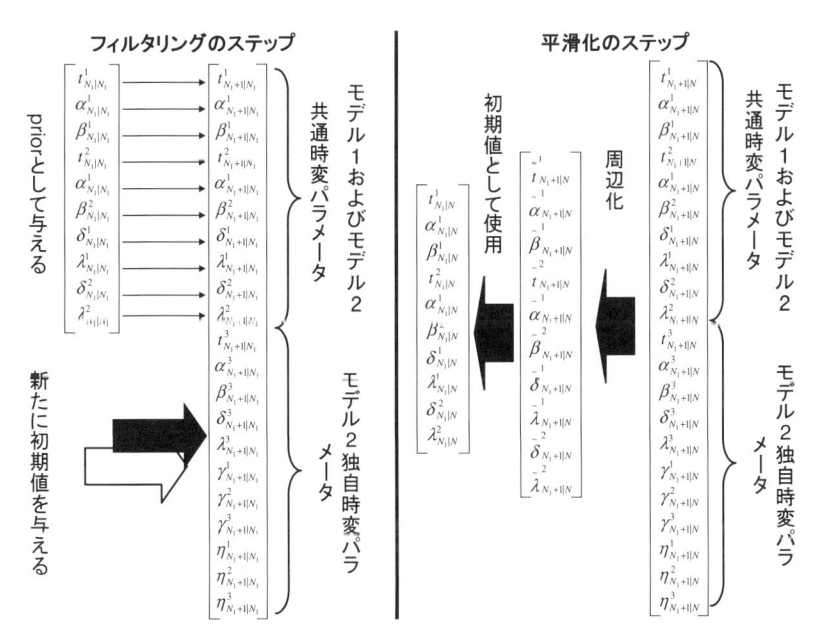

図 8.5　平均ベクトルの更新（切換え時点）

フィルタリングのステップ

$$V^{f}_{N_i|N_i} = \underbrace{\begin{bmatrix} v_{1,1} & \cdots & v_{1,10} \\ \vdots & \ddots & \vdots \\ v_{10,1} & \cdots & v_{10,10} \end{bmatrix}}_{10 次元}$$ (priorとして与える)

$$V^{s}_{N_i+1|N_i} = \underbrace{\begin{bmatrix} V^{f}_{N_i|N_i} & & 0 & & \\ & v_{11,11} & & \cdots & 0 \\ & \vdots & v_{12,12} & & \vdots \\ & & & \ddots & \\ 0 & & \cdots & & v_{23,23} \end{bmatrix}}_{21 次元}$$

↑ 新たに初期値として与える

平滑化のステップ

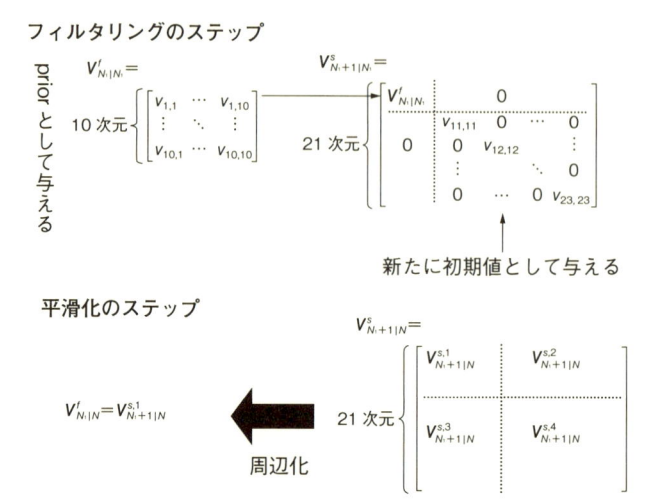

$$V^{f}_{N_i|N_i} = V^{s,1}_{N_i+1|N_i}$$

← 周辺化

$$V^{s}_{N_i+1|N_i} = \underbrace{\begin{bmatrix} V^{s,1}_{N_i+1|N_i} & V^{s,2}_{N_i+1|N_i} \\ V^{s,3}_{N_i+1|N_i} & V^{s,4}_{N_i+1|N_i} \end{bmatrix}}_{21 次元}$$

図 8.6 分散共分散行列の更新（切換え時点）

開始時点 (N_1+1) の平滑化分布から，前半期間に対応のない状態変数を周辺化（積分消去）し，平均ベクトル，分散共分散行列とも，それを前半期間の平滑化の初期値として用いる．

以上に示した手順で，観測次元が切り換わるような現象から動的な知識を発見できる．なお，上記の説明は簡単のために，時系列の途中で次元が増える場合を想定して行ったが，時系列の途中で次元が減少する場合にも本提案手法は適用可能である．概略は以下のとおりである．フィルタリングのステップでは，次元が増える場合の平滑化の考え方と同様に，不必要な変数を周辺化し，その値を以降の状態推定の初期値として用いる．また平滑化では，後半期間の開始時点の平滑化結果を前半期間の対応部分の平滑化の初期値として与え，対応のない状態変数については，前半期間のフィルタリングの最終時点の値を初期値として与える．これにより，上記で詳説した次元が増える場合と同様に，次元が減る場合にも対応できる．

8.4 実証分析

本節では，実際の POS データへ提案モデルおよび推定の枠組みを適用し，その有効性を確認する．

8.4.1 データ

本節で用いるデータは，インスタント・カレー・カテゴリーの1997年1月2日から2003年9月4日までの日別のPOSデータである．2001年2月19日に新商品が導入され，それまで2商品で競合状況にあったものが，それ以降3商品の競合状況に変化している．前半期間，後半期間のサンプル数はそれぞれ，$N_1 = 1421$，$N_2 = 921$ であり，両期間合計のサンプル数は $N = 2342$ となる．前半期間は商品1，2のみ販売しており，後半期間はそれら2商品に加えて商品3が販売されている．表8.5は，各商品の平均売価と発売メーカーの市場順位を示し，図8.7は分析対

表 8.5 対象商品の特性

商品	前半期間平均売価	後半期間平均売価	メーカー順位
商品1	200	193	3位
商品2	188	172	1位
商品3		166	2位

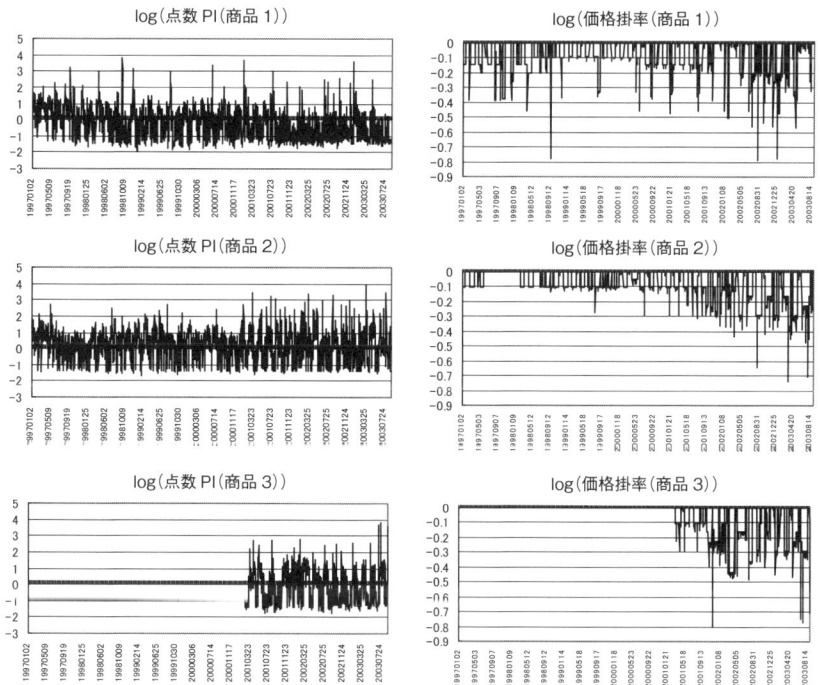

図 8.7 分析データの系列

象データの系列を示している．これらのデータに8.3節に示したモデルを当てはめる．なお，スーパーマーケットで販売される商品は，今回の想定よりも多くの商品と競合していることが多い．しかしながら，今回対象とした3商品は，マーケティング実務上，同一のコンセプトで各社から市場に出された商品であり，その意味で競合関係にあることが知られているものであるため，今回はこれら3商品に限定し分析を行った．

8.4.2 モデル比較

マーケティング分野において，前日の売上はそれ以降の売上に影響を及ぼすことが知られている．それらの現象を評価するためにモデルに含めた変数が，各商品の前日の売上（$y_{n-1}^1, y_{n-1}^2, y_{n-1}^3$）である．本項では，時系列成分を説明変数成分として含むモデルと含まないモデルを比較した結果を示す．モデルの評価は，(A.8)式に示すAICを用いて行った．

表8.6には，対数尤度，パラメータ数およびAICを示した．前半期間，後半期間それぞれで，時系列成分の有無の違いでモデルを比較すると，いずれも時系列成分のあるモデルのAICが小さくなっている．すなわち，モデルに前日の時系列データを導入することは有効であると判断できる．以降では，時系列成分を含むモデルに基づく解析結果を示す．

表8.6 モデル比較結果

		対数尤度	パラメータ数	AIC
前半期間	無	−3976.41	15	7982.83
時系列成分	有	−3832.08	23	7710.15
後半期間	無	−4134.14	30	8328.29
時系列成分	有	−4045.89	48	8187.79

8.4.3 動的ブランド診断

本項では動的ブランド診断事例を示す．表8.7には，モデル推定結果を用いて動的ブランド診断を行うための基本的判断基準を示した．トレンドはベースライン販売量とも呼ばれ，値引きによらない商品のベースの販売量を示す．そのため，これが趨勢として上昇傾向にあれば，値引販売されていないときでも売上が確保できることを示唆し，その意味でブランドとしては良好な傾向だといえる．価格弾力性は，自身の値引プロモーションに対して消費者が的確に反応しているかど

表 8.7 動的ブランド診断の基本的判断

変数	上昇傾向	下降傾向
トレンド (t_n^1, t_n^2, t_n^3)	値引きによらない販売力上昇	値引きによらない販売力低下
価格弾力性 $(\alpha_n^1, \beta_n^2, \gamma_n^3)$	自身の値引きの効果が低下傾向	自身の値引きの効果が上昇傾向
交差価格弾力性 $(\beta_n^1, \gamma_n^1, \alpha_n^2, \gamma_n^2, \alpha_n^3, \beta_n^3)$	競合商品の値引きの影響が上昇	競合商品の値引きの影響が低下

うかを示し，それが上昇傾向（絶対値だとその値が小さくなる）だと，値引きの効果が低下している．その意味で自身のプロモーション実施時の販売力の状況を示している．交差価格弾力性は，マーケティングにおける競合分析をする際に重要な意味を持ち，ブランドの市場競争力を示す指標になる．例えば，商品 2 の価格が商品 1 の売上に与える影響（α_n^2）が，商品 1 の価格が商品 2 の売上に与える影響（β_n^1）よりも大きい場合，商品 2 が商品 1 に比べて競争優位な状況にあると判断する．一方，その関係が逆であれば，結論もまた逆になる．それらがどのように変化するかを把握できれば，動的なブランド診断が実現できる．

図 8.8 に商品ごとのトレンドを示した．商品 1 はデータ期間当初に比べると大きくその値が減少し，商品 2 も多少低下傾向である．これは，商品固有の商品力（値引きによらない販売量）が低下していることを示唆する．商品 3 のトレンドは導入当初から低下傾向である．

図 8.9 は商品ごとの価格弾力性の変化を示した．商品 1，2 の価格弾力性は，商品 3 の導入前後でその構造が大きく変化している．商品 3 導入後は明らかに売上に与える自身の値引きの影響が小さくなっている．一方，商品 3 の価格弾力性も

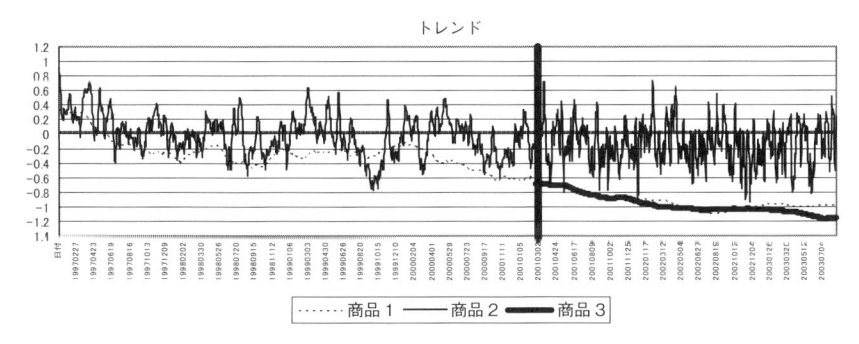

図 8.8　トレンド（平滑化推定量）

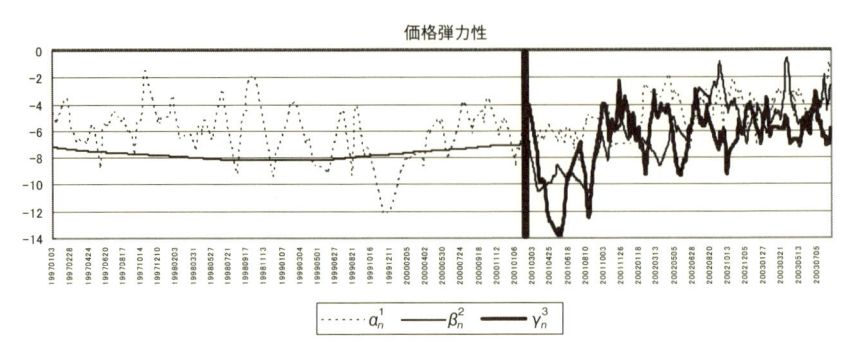

図 8.9 価格弾力性（平滑化推定量）

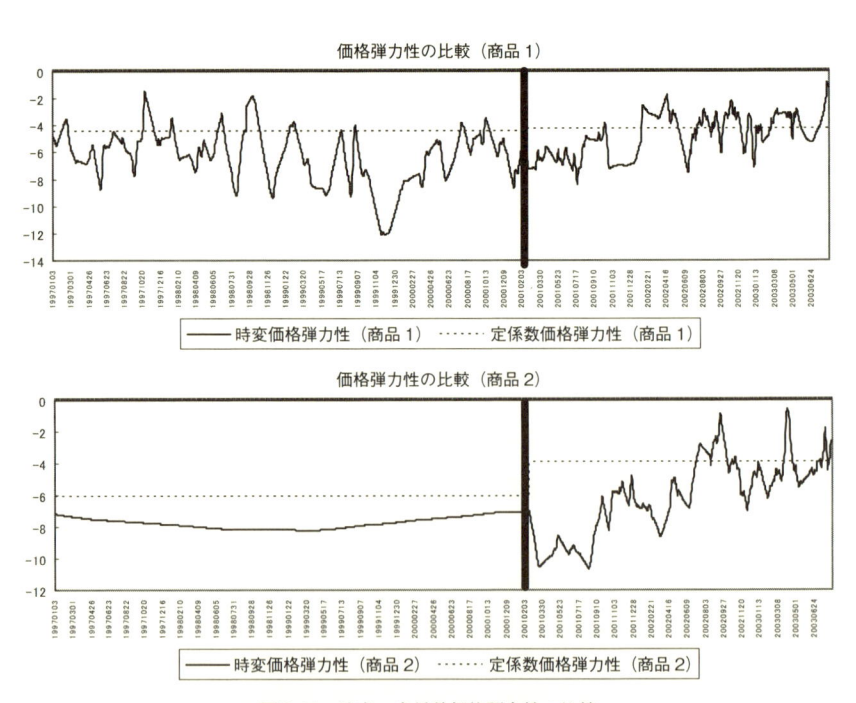

図 8.10 時変・定係数価格弾力性の比較

同様の傾向である．図 8.10 は参考として，定係数および時変価格弾力性を比較したものである（商品 1，商品 2）．定係数価格弾力性は時変価格弾力性のある一定期間では近い値で推定されている．しかし，推定結果の大部分の期間ではそれらは大きく異なっている．定係数価格弾力性，時変価格弾力性の違いは，マーケテ

ィング意思決定上，大きな違いを生じさせる．前述したように価格弾力性は時間とともに変動すると仮定するのが自然であり，その意味で時変価格弾力性が定係数価格弾力性よりもより良い意思決定につながる．

図 8.11 に示すように，商品 1 および 2 間の競争状況は，商品 3 が導入される前後で大きく変化している．商品 3 が導入される前は商品 2 が商品 1 に比べて競争優位な状況にあった．商品 3 導入後は，交差価格弾力性はいずれも低下傾向にあるが，特に β_n^1 が顕著に低下している．これは，これら 2 商品間の競争構造が大きく変化し，それらのブランド間差異が小さくなっていることを示唆する．図 8.12 は商品 3 の価格が商品 1, 2 の売上に与える影響を示しており，商品 1 に対してその影響は小さくなり，一方，商品 2 に対しては大きくなる傾向がみてとれる．

以上の結果に基づいて総合的にブランドの状況を診断すると，いずれのブランドも良好な状況にあるとはいえない．商品ごとにより詳しくみてみると，商品 1 はトレンドの低下，価格弾力性の上昇に示されるように値引き時/非値引き時とも

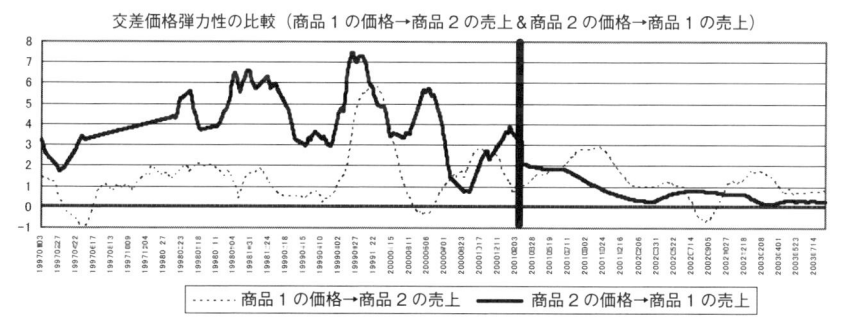

図 8.11 商品 1, 2 交差価格弾力性

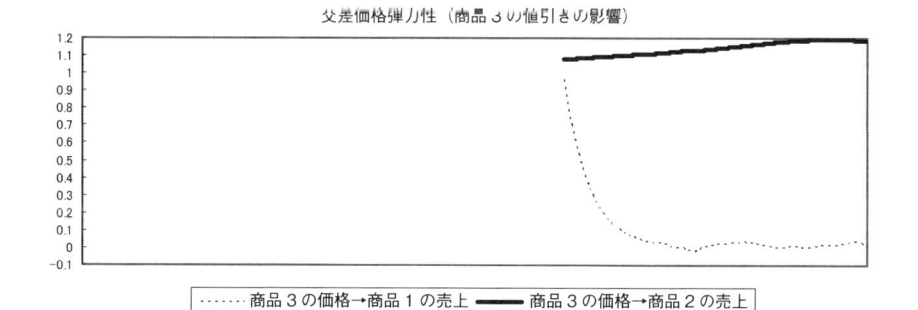

図 8.12 交差価格弾力性（商品 3 の値引きの影響）

苦戦している．特に商品3の上市後はその傾向が顕著になっている．商品2は商品3上市前は比較的良好な状況にあったが，商品3の導入後その状況は悪化している．特に，商品1との差異が小さくなってきているのが大きな問題であると考えられる．商品3は上市直後からトレンドが低下傾向，値引きの効果も低下傾向であり，ブランドとしてはあまり好ましい状況にはないと判断できる．

　図8.13は商品3導入前後の対象商品の値引率の分布状況を示す．商品3導入前は商品1，2の値引率はそれほど大きくなかった．しかしながら，商品3導入後は商品3の価格戦略に影響される形で，商品1，2の値引率が大きくなっている．この価格戦略の変化が，上記に示した動的構造変化の1つの原因である．通常，マーケティングでは先発商品に優位性があることが知られている．後発商品は，値

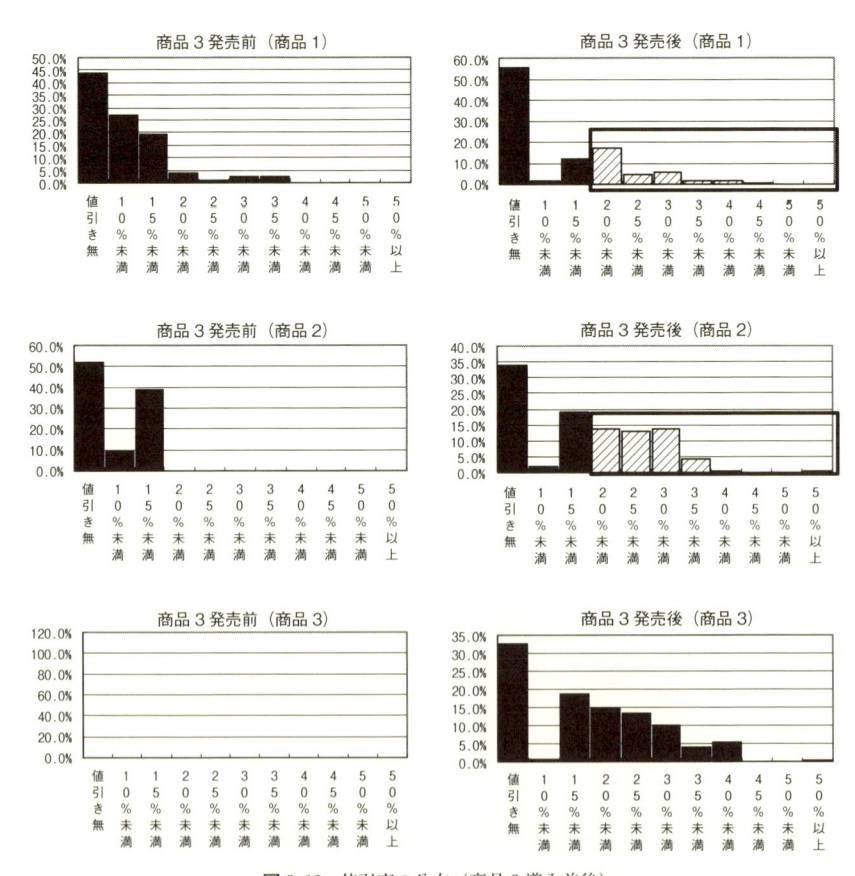

図8.13 値引率の分布（商品3導入前後）

引戦略などでその市場の切り崩しをねらうことが多い．今回の事例もその一例であるが，対象商品すべての価格弾力性が絶対値の意味で小さくなり，ブランド・ロイヤルティの代理指標と解釈できるトレンドも低下傾向であることを考えあわせると，商品3のマーケティング戦略は市場に悪影響を及ぼしたと判断できる．本章の解析事例は，通常の静的な解析で検証することは難しく，提案アプローチではじめて実現できる．

8.5 ま と め

本章では，ベイジアン・モデリングの考え方を紹介し，時系列解析においてその考え方に基づくPOSデータの解析事例を示した．具体的な課題として，競合商品数が変化する状況において動的ブランド診断を実現するための枠組みを紹介した．モデル化は，状態空間モデルの枠組みで行い，状態推定にはカルマン・フィルタ/固定区間平滑化のアルゴリズムを用いた．提案モデルおよびその枠組みは，POSデータの解析を通じて，妥当性を確認した．本章では，説明の都合上，比較的単純なケースを用いてその有効性を議論したが，提案した手法は，複雑なケースにも容易に拡張できる．

本章で提案した統計モデルの活用法と通常の意味での統計モデルの活用法には違いがある．通常の統計モデルの活用法は，仮説を立て，その仮説に基づいてモデルを構築・推定し，仮説が妥当であるかどうかを推定結果に基づいて検証するというものである．しかしながら，本章で示したように，統計モデルの役割はそれらにとどまらず，知識発見の分野でも十分に活用可能である．統計モデルを用いた知識発見は，今後重要度の増す分野である（赤池，1995；佐藤・樋口，2013）．

付録：状態空間モデルおよびカルマン・フィルタ/固定区間平滑化

y_nを1変量の時系列とする．このとき，この時系列を表現する次のようなモデルを状態空間モデルと呼ぶ．

$$\text{システム・モデル} \quad x_n = F x_{n-1} + v_n \quad (\text{A.1})$$
$$\text{観測モデル} \quad y_n = H_n x_n + w_n \quad (\text{A.2})$$

ここで，x_nは直接には観測できないk次元ベクトルで，状態と呼ぶ．v_nはシステム・ノイズと呼ばれ，平均ベクトル$\mathbf{0}$，分散共分散行列Qに従うm次元の正規白

色雑音である．一方，w_n は観測ノイズと呼ばれ，平均ベクトル 0，分散共分散行列 R に従う l 次元の正規白色雑音とする．F，G，H_n はそれぞれ $k \times k$，$k \times m$，$l \times k$ の行列である．

　状態空間モデルに関連して重要な問題は，時系列 y_n の観測値に基づいて状態 x_n を推定することである．以下では，$Y_j = \{y_1, \cdots, y_j\}$ に基づいて時刻 n における状態 x_n を推定する問題を考える．特に，$j<n$ の場合は観測区間よりも先の状態を推定する問題で，予測と呼ばれる．$j=n$ の場合は観測区間の最終時点すなわち現在の状態を推定する問題で，フィルタと呼ばれる．また，$j>n$ の場合は現在までの観測値に基づいて過去の状態を推定する問題で，平滑化と呼ばれる．上記 (A.1)，(A.2)式で定義される線形・ガウス型の状態空間モデルの状態推定は，以降に示すようにカルマン・フィルタおよび固定区間平滑化と呼ばれる逐次的な計算アルゴリズムで履行される．なお，以下では状態 x_n の条件付き平均と分散共分散行列をそれぞれ次のように表すことにする．

$$x_{n|j} \equiv E(x_n | Y_j) \tag{A.3}$$

$$V_{n|j} \equiv E[(x_n - x_{n|j})(x_n - x_{n|j})^t] \tag{A.4}$$

一期先予測

$$\begin{aligned} x_{n|n-1} &= F x_{n-1|n-1}, \\ V_{n|n-1} &= F V_{n-1|n-1} F^t + GQG^t \end{aligned} \tag{A.5}$$

フィルタ

$$\begin{aligned} K_n &= V_{n|n-1} H_n^t (H_n V_{n|n-1} H_n^t + R)^{-1}, \\ x_{n|n} &= x_{n|n-1} + K_n (y_n - H_n x_{n|n-1}), \\ V_{n|n} &= (I - K_n H_n) V_{n|n-1} \end{aligned} \tag{A.6}$$

固定区間平滑化

$$\begin{aligned} A_n &= V_{n|n} F^t V_{n+1|n}^{-1}, \\ x_{n|N} &= x_{n|n} + A_n (x_{n+1|N} - x_{n+1|n}), \\ V_{n|N} &= V_{n|n} + A_n (V_{n+1|N} - V_{n+1|n}) A_n^t \end{aligned} \tag{A.7}$$

　(A.1)，(A.2)式で定義される状態空間モデルには通常，複数の未知パラメータが含まれている．そのベクトルを θ とする．θ の推定には最尤法が用いられ，その尤度はフィルタのステップで逐次的に構成できる．その詳細に関しては北川(2005) を参照のこと．

　さらに，パラメータ数の異なる複数のモデルから良いモデルを選択するための規準として，本章の分析では AIC を用いた．AIC の定義式は下記のとおりである．

$$\mathrm{AIC} = -2l(\hat{\theta}) + 2p$$
$$= -2(\text{最大対数尤度}) + 2(\text{未知パラメータ数}) \quad (\mathrm{A.8})$$

上記 $\hat{\theta}$ はパラメータ・ベクトル $\boldsymbol{\theta}$ の最尤推定量を示す.そのため,$l(\hat{\boldsymbol{\theta}})$ はモデルの最大対数尤度になる.AIC をモデル選択規準として採用した場合,AIC の最小のモデルが良いモデルであると判定する.

■注

(1) 本章の内容は佐藤・樋口(2007)をもとにとりまとめたものである.モデルの統計的な検証に関しても佐藤・樋口(2007)を参照のこと.

9. 購買データを用いたブランド間の競争市場構造分析の事例

- ブランド間の競争構造の分析に関する研究は多数存在する．これまでに多くの研究で提案されてきた多数のモデルの中から，本章では購買データに適用するタイプのモデルを取り上げ，その分析事例を紹介する．
- 消費者の購買データを利用する分析では，非集計レベルのデータがそのまま利用される場合と，何らかの基準で集計されたデータが利用される場合がある．そのような異なる集計レベルのデータに対応させて，ここでは2つの分析事例を示す．1つ目の事例は，購買データを集計して作成したブランド間スイッチング行列に対して適用されるモデルの分析事例である．そしてもう1つは，非集計の購買データに対して適用されるモデルを利用した分析事例である．

9.1 購買データを用いたブランド間の競争構造分析手法の類型

多くの企業は，製品市場における競争に勝ち残っていくために，多額の資金を投入し，より強いブランドの構築・育成に力を注いでいる．強いブランドを構築・育成しその競争力を保っていくためには，そしてそのようなブランド管理を効果的・効率的に行い得るようなマーケティング資源の投入を計画し実行していくためには，そもそも製品市場の状況，特にブランド間の競争構造を把握する必要がある．

ブランド間の競争構造を把握するための分析手法の研究は，マーケティング・モデル研究の主要な1つの分野であり，これまで盛んに行われてきている．井上(2001)は，これを産業組織論における市場構造分析と明確に区別するために競争市場構造分析と呼び，その一連の研究を体系的に整理している．また，その整理の過程において，Day et al. (1979)やDeshpande and Gatignon (1994)などの研究について検討を行い，競争市場構造分析の統一的な定義や類型化がいまだ確立されるには至っていないと指摘している．そのうえで井上(2001)は，競争市場構造分析を，文字どおり「競争」「市場」「構造」という3つの観点から捉えるべきとする独自の視点を提示している．「競争」の観点とは，"マーケティング戦

略を構築するのに有用な市場の「競争次元」を明らかにし，競争相手を識別することを目的とする"ということである．「市場」の観点とは，"競争の本源にある「消費者選好構造」を明確にすることを目的とする"ということである．そして「構造」の観点とは，"選好構造，競争次元，競争相手を構造化しなければならない"ということである．本章では，これら3つの観点に対して示唆を得ることができるようなモデルの分析事例を示す．

ブランド間の競争市場構造分析では，利用するデータの種別などに応じてさまざまなモデルが提案されてきている．それらのモデルに関して，例えば，Day et al. (1979) は，行動データに基づく手法群と判断データに基づく手法群に大別し，Elrod and Keane (1995) は，データの集計レベルという別の観点からの類型化を行っている．一方，井上 (2001) は，これらのデータに基づく類型化を批判的に捉え，むしろ競争構造から明らかにされるアウトプットに基づいた類型化がなされるべきであると指摘している．

このように，ブランド間の競争構造を分析するためのモデルには，利用するデータの特徴や集計レベル，競争構造が特徴づけられるアウトプットの類型という観点から多様なモデルがある．ここではそれらの中から，購買データを集計したスイッチング行列に適用するタイプのモデルと，非集計の購買データに適用するタイプのモデルを取り上げる．なお，ここでいう購買データとは，消費者が何らかのブランドを購買することによって得られる購買行動についてのデータであり，誰がどのブランドをいついくらで買ったかといった情報を記録したデータを意味している．

9.2 集計データに基づくブランド間競争構造の分析

購買データを集計し分析するモデルには，例えば，マーケット・シェア・データから推定される交差弾力性を利用して，ブランド間の競争構造を記述しようとするものや，消費者のブランド選択データに基づき作成されるスイッチング行列を利用して，その競争構造を分析しようとするものなどがある．前者のタイプのモデルに関する研究としては，Cooper and Nakanishi (1988) や Cooper et al. (1996) の研究などがある．後者のタイプのモデルに関する研究としては，潜在クラスモデルを応用した Grover and Srinivasan (1987) や井上 (1992) の研究，対数線形モデルを応用した Novak (1993) の研究などがある．

本節では，スイッチング行列に基づきブランド間の競争構造を分析するための

基本的なモデルである Grover and Srinivasan（1987）のモデル（以下，GS モデル）を例として取り上げその分析事例を示すこととする．

9.2.1 GS モデルの概要

GS モデルは，分析対象の各ブランドに対する選択確率の類似性に基づいて，消費者のセグメンテーションを行うモデルである．また同時に，各セグメントにおけるブランド・シェアの推定も行われ，ブランド間の競争構造が捉えられる．以下，Grover and Srinivasan（1987）の記述に基づきモデルの概要を確認する．

はじめに，分析対象の製品市場に L 個のブランドがあるものとする．その L 個のブランドに対する選択確率は，消費者ごとに異なるものと考える．このような異質な消費者の集団について，L 個のブランドのいずれかを常に購入するようなブランド・ロイヤルなセグメントと，複数のブランド間でスイッチするような M 個のスイッチング・セグメントの存在を仮定する．前者の L 個のブランド・ロイヤル・セグメントは，$l(=1,\cdots,L)$ で表されるものとし，後者の M 個のスイッチング・セグメントは，$m(=1,\cdots,M)$ で表されるものとする．

このときブランド・ロイヤル・セグメント l において，ある購買機会にブランド $i(=1,\cdots,L)$ を選択し，別の購買機会にブランド $j(=1,\cdots,L)$ を選択する消費者の比率 s_{ijl} は，もし $i=j=l$ ならば $s_{ijl}=1$，その他の場合は $s_{ijl}=0$ と表される．つまり，セグメント l に所属する消費者は，各購買機会においてブランド l のみを購入し，ほかのブランドを選択することはないということである．また，スイッチング・セグメント m においてブランド i が選択される確率を p_{im} とする．ただし，$p_{im} \geq 0$，$\sum_i p_{im} = 1$ である．このとき p_{im} はセグメント m の中でのブランド i のシェアとみることができる．

そのうえで Grover and Srinivasan（1987）は，確率的ブランド選択過程が定常で 0 次であると仮定することによって，セグメント m に所属する消費者が，ある購買機会にブランド i を選択し，ほかの購買機会に異なるブランド j を選択する確率を，それぞれのブランドについての選択確率の積で，

$$s_{ijm} = p_{im} p_{jm}, \quad i \neq j \tag{9.1}$$

と表現している．ここで，セグメント m に所属する消費者が，異なる購買機会において同じブランド i を選択する確率は，

$$s_{iim} = p_{im} p_{im} = p_{im}^2 \tag{9.2}$$

である．

ところで，ブランド・ロイヤル・セグメントとスイッチング・セグメントのす

べての消費者セグメントを，改めて $h(=1,\cdots,L+M)$ と表すものとし，β_h をセグメント h のウェイト（相対的なセグメント・サイズ），q_{ih} をセグメント h に所属する消費者がブランド i を選択する条件付き確率であるとする．このとき，ある購買機会にブランド i を選択し，別の購買機会にブランド j を選択する消費者の比率は，

$$S_{ij} = \sum_{h=1}^{L+M} \beta_h q_{ih} q_{jh} \tag{9.3}$$

のように表現される．ただし，$\beta_h \geq 0$，$\sum_{h=1}^{L+M} \beta_h = 1$ であり，また，$q_{ih} \geq 0$，$\sum_{i=1}^{L} q_{ih} = 1$ である．

ブランド間のスイッチング行列が与えられたもとで，その (i,j) 要素であるスイッチング・パターン別の観測度数を y_{ij} とする．このときその対数尤度は，

$$\log L = \sum_i \sum_j y_{ij} \log \left[\sum_{h=1}^{L+M} \beta_h q_{ih} q_{jh} \right]$$

となる．この対数尤度を最大化するように，消費者セグメント別のサイズとブランド選択確率に関するパラメータを推定することとなる．とはいえ，この対数尤度関数は複雑な形になっているため，何らかの数値的最適化の手法を利用する必要があり，潜在クラスモデルの推定では EM アルゴリズム（Dempster *et al.*, 1977）が利用されることが多い．EM アルゴリズムの E-step では，スイッチング行列の観測データとその時点での暫定的なパラメータが与えられたもとで，擬似的な完全データ，ここでは消費者セグメントである潜在クラスが与えられたもとでの当該潜在クラスにおけるスイッチング行列の潜在度数 y_{ijh} の期待値を計算する．Goodman（1974）や渡辺（2001）に示されるように，潜在クラスモデルにおける潜在度数の期待値は以下のように計算される．

$$\hat{y}_{ijh} = y_{ij} \frac{\beta_h q_{ih} q_{jh}}{\sum_{h'} \beta_{h'} q_{ih'} q_{jh'}}$$

次に M-step では，E-step で得られた擬似的完全データに基づいて，以下のようにパラメータを更新する．

$$\hat{\beta}_h = \frac{\sum_i \sum_j y_{ijh}}{\sum_i \sum_j \sum_h y_{ijh}}, \quad \hat{q}_{ih} = \frac{\sum_j y_{ijh}}{\sum_i \sum_j y_{ijh}}, \quad \hat{q}_{jh} = \frac{\sum_i y_{ijh}}{\sum_i \sum_j y_{ijh}}$$

そしてパラメータの推定値が収束するまで E-step と M-step を繰り返すことで最尤推定値が得られる．なお，EM アルゴリズムで得られる推定値は局大値になっている可能性もあるので，複数の異なる初期値を用いて推定を行う必要がある．

ところで GS モデルは，通常の潜在クラスモデルにおける潜在確率などに対す

る一般的な制約以外に，ブランド・ロイヤル・セグメントにおける各ブランド i の反応確率について，$h=i$ のとき 1，その他は 0 とする制約を課すことが必要な制約付き潜在クラスモデルである．EM アルゴリズムを利用した推定では，制約するパラメータについて，その制約する値を初期値として与え，以降の反復計算では当該制約パラメータの更新を行わないようにすることでモデルの推定を行うことができる．制約付き潜在クラスモデルの推定については，渡辺（2001）が，GS モデルを含めて詳細な解説を行っているので参考にしていただきたい．

9.2.2 分析事例

a. データ

本項では，首都圏の総合スーパーのある店舗で得られたスキャナー・パネル・データに GS モデルを適用した分析事例を示す[注1]．利用したデータの期間は，2003 年 1 月から 12 月までの 1 年間分で，インスタント・カレーの商品カテゴリーを対象として分析を行った．消費者パネルについては，期間中で 2 回以上インスタント・カレーを購入した 549 世帯を対象とした．当該店舗においてインスタント・カレーの商品が取り扱われている主要メーカー 3 社について，それぞれの主要ブランドを分析の対象として取り上げた．ブランド HB や SG はロングランの定番ブランドであり，ST，GJ，HK は，まろやかさなどの特徴的な風味を訴求したブランドである．また，SO，HO は各社のその他のブランドをそれぞれ 1 つにまとめたものである．

Grover and Srinivasan（1987）は，分析の対象であるブランド間のスイッチング行列を構成するに際して，確率的選択プロセスが定常であるものとして取り扱うことができる程度に短い期間を想定し，各個人について連続する 2 回の購買機会におけるブランド選択データを利用している．本分析事例でもそれにならい，データ期間内で，各個人の 1 回目と 2 回目の購買機会のデータのみを利用してスイッチング行列を構成している．構成されたスイッチング行列は表 9.1 のとおりである．

b. 分析結果

本分析では，GS モデルを表 9.1 に示すスイッチング行列に適用し，ブランド選択構造の類似するセグメントを特定する．加えて，当該セグメント内におけるブランド・シェアの推定を通じて，ブランド間の競争構造を明らかにすることを試みる．

はじめにスイッチング・セグメントのセグメント数 M の検討を行う．潜在クラ

表 9.1 スイッチング行列

	SG	ST	SO	GJ	HB	HK	HO
SG	45	6	4	1	7	15	7
ST	17	19	1	1	19	29	3
SO	3	2	13		3	1	5
GJ	7	16		13	7	16	2
HB	10	13	3	5	67	27	5
HK	8	16	1	4	24	38	5
HO	6	5	7		5	5	33
シェア	0.175	0.140	0.053	0.044	0.240	0.239	0.109

表 9.2 モデル選択の指標

セグメント数	AIC	BIC
8	3817.12	3873.12
9	3780.31	3857.86
10	3819.75	3914.53

ス・モデルにおける潜在クラス数（セグメント数）の検討を行うためには，自由度修正済み適合度指標や AIC，BIC など，できるだけ多くの指標を総合的に判断し，最良のモデルを決定することが望ましいとされている（渡辺，2001）．本分析でも AIC および BIC の2つの規準に基づきセグメント数を検討するものとする．表9.2は，ブランド・ロイヤル・セグメント数7に加えて，スイッチング・セグメントを1から3まで増やし，全体で8セグメントから10セグメントまでの3つのモデルについての AIC と BIC を示している．表9.2に示されるように，本分析結果からは，AIC および BIC いずれの指標においても，9セグメント（スイッチング・セグメント数2）の場合が最小となっているので，ここではこのモデルを最終的なモデルとして採用することとした．

次に，9セグメントのモデルにおいて推定されたパラメータ推定値を表9.3に示す．表9.3の3～5列目の数値の右横に示されている記号の中で，"*"はパラメータの統計的検定が1%水準で有意となっていることを示している．また，"f"はモデルの識別のために0制約を課していることを示すものである．

表9.3の3列目の数値は，各ブランドに対するブランド・ロイヤル・セグメントのサイズの推定値である．この結果からは，ブランドHBのブランド・ロイヤル・セグメントのサイズが0.09で最も大きく，ブランドSGのブランド・ロイヤル・セグメントが0.07で2番目に大きいことが確認できる．両ブランドともにロ

表 9.3 パラメータ推定結果

ブランド	シェア	ブランド ロイヤル・ セグメント サイズ	スイッチング・セグメント	
			SW1	SW2
			サイズ	
			0.59 *	0.16 *
			セグメント内シェア	
SG	0.17	0.07 *	0.11 *	0.19 *
ST	0.14	0.00	0.23 *	0.08 *
SO	0.05	0.02 *	0.00 f	0.21 *
GJ	0.04	0.02 *	0.10 *	0.00 f
HB	0.24	0.09 *	0.21 *	0.13 *
HK	0.24	0.01	0.32 *	0.07 *
HO	0.11	0.04 *	0.03 *	0.31 *
Total	1.00		1.00	1.00

1) *：1%水準で有意
2) f：識別のため制約

ングランの定番ブランドであるので，この結果は直観的にも受け入れやすいものとなっている．

　表9.3の4列目および5列目表頭の数値は，スイッチング・セグメントのサイズの推定値である[注2]．モデル選択において最終的に採用されたモデルでは，スイッチング・セグメント数が2つであったので，その1つのセグメントをSW1，もう1つのセグメントをSW2と表記している．セグメントSW1のサイズは0.59で，先のブランド・ロイヤル・セグメントのサイズや，もう1つのスイッチング・セグメントSW2のサイズ0.16と比較しても大きなサイズとなっている．この結果から分析対象店舗におけるインスタント・カレーの購買に関しては，多くの消費者がSW1で推定されるブランド間でスイッチしているということ，つまりSW1に示される構造が当該店舗におけるインスタント・カレーのブランド間における主要な競争関係を示唆しているものと解釈することができる．

　セグメントSW1とSW2におけるブランド間の競争構造については，それぞれのセグメント内で各ブランドについて推定されたシェアから，その特徴を確認することができる．セグメントSW1の場合は，ブランドHKのセグメント内シェアが0.32で最も高く，次いでブランドSTが0.23，ブランドHBが0.21で均衡しており，これら上位3ブランドで7割以上のシェアを構成している．したがってセグメントSW1では，ブランドHKを中心にSTとHBの3ブランドが強い競争状況にあるという特徴を確認することができる．先のセグメント・サイズの結

果を考慮すると，この競争関係が，当該店舗のインスタント・カレーにおける主要な競争構造を示しているとみて差し支えないであろう．一方，セグメント SW2 では，セグメント内シェアが最も高いと推定されているものがブランド HO であり，推定されたセグメント内シェアは 0.31 となっている．2番目はブランド SO で 0.21，3番目がブランド SG で 0.19，そしてこれらの上位3ブランドよりはやや数値が小さいもののブランド HB が 0.13 で4番目となっている．そしてこれらの4ブランドでセグメント内シェアの8割以上が占められているという結果であった．セグメント SW1 と SW2 を比べると，ブランド HB を除いてそれらの競争関係は，明らかに異なったものとなっているようにみえる．一方ブランド HB は，最大規模のロイヤル・セグメントを保持しつつ，それぞれのスイッチング・セグメントにおいても一定のシェアを確保しており，トップ・ブランドとしての確固たる地位を築いていることが確認できる．

以上のように GS モデルは，スイッチング行列に基づき，消費者セグメントとブランド間の競争構造を比較的容易に明らかにすることが可能なものである．それゆえ GS モデルは，その後の競争市場構造分析のモデルの研究に少なからず影響を与えてきている．

なお，GS モデルについてはその識別性に課題があることが指摘されているので留意していただきたい（井上，2001）．井上（1992）は，この問題を克服するために，制約を課すことで識別性を担保したモデルとして，MIGHT システムを提案している．

9.3 非集計データに基づくブランド間競争構造の分析

非集計データに基づきブランド間の競争構造を分析するモデルには，その関係を空間的に捉えようとするモデルが多数提案されてきている．ここでは，それらのモデルの中から，LOGMAP-J（片平，1991）を取り上げその分析事例を示すこととする．

9.3.1 LOGMAP-J の概要

LOGMAP J は，世帯や個人のブランド選択結果が記録されているスキャナー・パネル・データや ID 付き POS データなどに適用し，プロダクト・マップと消費者の理想ベクトルを同時に推定するジョイント・スペース分析のモデルである．また，LOGMAP-J は，店頭プロモーションやマス広告などのマーケティング変数

の影響も考慮可能なモデルになっている．以下，片平（1991）の記述に基づき，LOGMAP-J の概要について簡単に確認していく．

はじめに，理想ベクトルの異なる S 個の消費者セグメントを仮定する．そのうえで，セグメント s のブランド j に対する購買機会 t における効用 U_{sjt} は，以下のように定式化されるものとする．

$$U_{sjt} = V_{sjt} + \epsilon_{sjt} \tag{9.4}$$

$$V_{sjt} = \alpha_s^{*'} x_j^* + \alpha_s^{**'} x_{jt}^{**} \tag{9.5}$$

ここで，x_j^* はブランド j のマップ上の座標ベクトル，x_{jt}^{**} はブランド j の購買機会 t におけるマーケティング変数ベクトル，ϵ_{sjt} は誤差項，α_s^* と α_s^{**} はパラメータベクトルである．このときセグメント s に帰属する消費者が，購買機会 t においてブランド j を選択する確率 P_{sjt} は以下のように規定される．

$$P_{sjt} = \frac{\exp(V_{sjt})}{\sum_h \exp(V_{sht})} \tag{9.6}$$

LOGMAP-J では，$\alpha_S = (\alpha_s^*, \alpha_s^{**})$ としたうえで，$\alpha_S = \gamma \beta_s$，$|\beta_s| = 1$ と分解すると，$\gamma = (\gamma_s^*, \gamma_s^{**})$ が α_S のスケール，$\beta_s = (\beta_s^*, \beta_s^{**})$ が相対ウェイト・ベクトルとなる．ここで β_s は固定的に与え，考えられ得るあらゆる β_s のパターンを，なるべく少ない数のベクトルを用いて表現する．後の分析事例のように，マーケティング変数として価格など 1 つの変数のみを用いるならば，図 9.1 のようなアンカー・ベクトルを利用する．

これらの点を考慮したうえで，(9.5)式を書き直すと，

$$V_{sjt} = \gamma^* \beta_s^* x_j^* + \sum_i \gamma_i^{**} \beta_{si}^{**} x_{jtk}^{**} \tag{9.7}$$

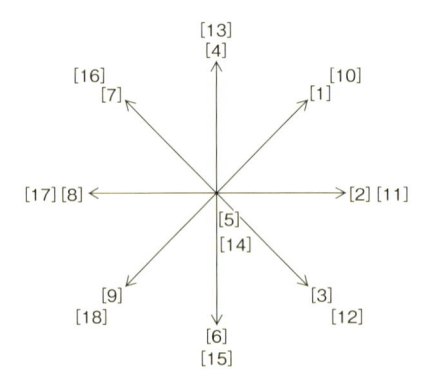

図 9.1　アンカー・ベクトル

となる．ここで，kは個人を表す添え字であり，β_{si}^{**}はβ_sの第i要素である．またγ_i^{**}はβ_{si}^{**}のスケール・パラメータである．なお，γ^*とx_j^*を識別することができないため$\gamma^*=1$に固定する．

y_{jtk}は，セグメント$s(=1, \cdots, S)$において個人$k(=1, \cdots, K)$が購買機会$t(=1, \cdots, T)$でブランド$j(=1, \cdots, J)$を選択した場合は$y_{jtk}=1$，その他の場合は$y_{jtk}=0$となる2値変数であるものとする．

このとき尤度L_{ks}は，

$$L_{ks} = \prod_t \prod_j P_{sjt}^{y_{jtk}} \tag{9.8}$$

となる．また，個人kについての尤度L_kは，

$$L_k = \sum_s \pi_s L_{ks} \tag{9.9}$$

となる．ここで，π_sはセグメントsの比率で，$\sum_s \pi_s = 1$，$0 \leq \pi_s \leq 1$である．最終的にこのモデルの対数尤度$\log L$は，

$$\log L = \sum_k \log\left[\sum_s \pi_s L_{ks}\right] \tag{9.10}$$

となる．このように対数尤度関数が複雑な形になっているため，その推定ではEMアルゴリズムが用いられることが多い．

EMアルゴリズムを用いた推定を行うに際して，はじめに，潜在変数w_{ks}を導入する．w_{ks}は，個人kがセグメントsに所属しているときに$w_{ks}=1$，その他の場合には$w_{ks}=0$をとる確率変数とする．また，個人kのブランド選択データy_kとw_{ks}は独立であると仮定する．ここで$\emptyset = (x^*, \gamma^{**}, \pi)$として，完全データの対数尤度は，

$$\log L_c(\emptyset) = \sum_k \sum_s (w_{ks} \log L_{ks} + w_{ks} \log \pi_{ks}) \tag{9.11}$$

となる．ただし，$x^* = (x_j^*)$，$\gamma^{**} = (\gamma_i^{**})$，$\pi = (\pi_s)$である．EMアルゴリズムのE-stepでは，次のように完全データの期待値を求め，

$$\hat{w}_{ks} = \frac{\pi_s L_{ks}}{\pi_s \sum_s L_{ks}}, \tag{9.12}$$

M-stepでは完全データによる対数尤度を最大化するx^*，γ^{**}とπを推定することとなる[注3]．

9.3.2 分析事例

a. データ

本事例でも,先の GS モデルと同じデータを利用し,インスタント・カレーについての分析を行う.ただし,分析対象とした消費者パネルは,期間中にインスタント・カレーを平均月 1 回以上購入している 43 世帯に絞っている.これらの消費者パネルは,当該店舗でみる限りインスタント・カレーのヘビー・ユーザーである.なお,ブランドの表記は,GS モデルの場合と同様である.また,マーケティング変数は,価格のみを考慮している.

対象パネルの購買回数に基づくブランドのシェアは,表 9.4 に示されている.この場合もブランド HB がシェア 0.327 でトップであり,2 番手はブランド HK で 0.215,3 番手はブランド SG で 0.115 となっている.これらの順序は,先の GS モデルにおける上位ブランドの順位と概ね同じである.

表 9.4 ブランド別シェア

ブランド	選択シェア
SG	0.115
ST	0.108
SO	0.036
GJ	0.079
HB	0.327
HK	0.215
HO	0.120

b. 分析結果

LOGMAP-J を分析対象の購買履歴データに適用した結果,価格に関するパラメータの推定値は 3.8 であった.この結果は,全体的な価格感度が比較的高いという傾向を示しているようにみえる.表 9.5 は理想ベクトルの分布を示している.この結果をみると,[3],[4] の理想ベクトルに帰属する消費者の割合は高いものの,価格感度の低い [10],[12],[16],[18] の理想ベクトルに帰属する消費者も無視できない割合で存在しているとみることができる.

表 9.6 は,各ブランドの座標の推定値である.この座標の推定値に基づくブランドの布置と理想ベクトルの分布が図 9.2 に示されている.なお,理想ベクトルの長さは平均シェアに比例するように設定されている.また,図中の理想ベクトルを示す矢印の中で,実線で描かれているものは価格感度の高いセグメントを示し,破線で描かれているものは価格感度の低いセグメントを示している.

9.3 非集計データに基づくブランド間競争構造の分析

表 9.5 理想ベクトルの分布

セグメント	理想ベクトルの所属確率	セグメント	理想ベクトルの所属確率
[1]	0.00	[10]	0.20
[2]	0.00	[11]	0.00
[3]	0.14	[12]	0.08
[4]	0.38	[13]	0.00
[5]	0.00	[14]	0.00
[6]	0.05	[15]	0.00
[7]	0.00	[16]	0.07
[8]	0.00	[17]	0.00
[9]	0.00	[18]	0.07

表 9.6 座標推定結果

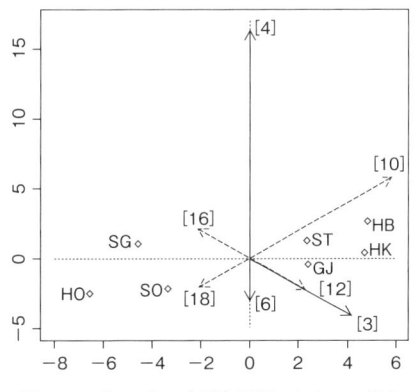

ブランド	x1	x2
SG	−4.6	1.1
ST	2.4	1.2
SO	−3.3	−2.3
GJ	2.4	−0.5
HB	4.9	2.6
HK	4.7	0.4
HO	−6.5	−2.5

図 9.2 ブランドの布置と理想ベクトルの分布

図 9.2 に基づきブランドの布置を確認すると，トップ・ブランドである HB と HK，ST，GJ が比較的近接した位置関係にあり，これらのブランド間の競争が強いことがわかる．他方において，これらとは正反対にブランド HO と SO が布置され，異なる競争関係を形成していることも読み取れる．また，3 番手ブランドの SG は，相対的にブランド HO や SO に近いものの，独自のポジションを保っていることが伺える．

理想ベクトルは上方向ないし右上下方向の割合が大きく，ブランド HB，ST，HK，GJ が選択されやすい傾向にある一方で，ブランド HO や SO は選択されにくいことがわかる．消費者のセグメントとしては，ブランド HB，HK，ST と SG を中心に選択するセグメントや，ブランド HB，HK，ST，GJ を中心に選択するセグメントが存在することも確認できる．

いくつかの特徴的な点をみていくと，価格感度の高い理想ベクトル [4] に所属する消費者セグメントの比率が大きく，このセグメントは価格の影響を受けてブランド HB, HK, ST, SG 間でスイッチする可能性が高い．つまり強い競争関係にあることを示唆している．一方，価格感度の低いセグメントを示す理想ベクトル [10] の方向には，トップ・ブランド HB があり，原点からの距離が大きいほどブランド固有の魅力度が相対的に大きいということも考慮すると，ブランド HB の安定した強さを確認することができる．

もう 1 つ特徴的な点として興味深いのは，同一メーカーのブランドである HB と HK が近接して布置されていることである．メーカーのブランド戦略として，このサブマーケットで他を圧倒するための意図的なブランド戦略であるとすれば，そのような戦略が奏功して当該サブマーケットでブランドの優勢が確保されているとみることができる．しかし他方で，仮にそのような狙いではなくそれぞれのブランドを異なるサブマーケットに位置づけようとしているのであれば，その狙いが必ずしも成功してはおらず，カニバリゼーション（共食い）が生じている可能性が高いとみることができる．そしてその場合には，例えばブランド HK のポジショニングを見直す必要があるというような示唆が得られる．

以上のように，消費者ごとの各購買機会におけるブランド選択データに LOGMAP-J を適用することで，ブランド間の競争構造を空間的に表現することが可能となる．さらに，そのように表現されたブランドの布置を確認することで，ブランド管理者は，消費者の購買行動から推測されるブランド間の競争構造を比較的容易に理解することができるものとなっている．

9.4　ま　と　め

本章では，購買データに基づき，ブランド間の競争構造を捉えるためのモデルとその適用事例を紹介した．ブランドの競争市場構造分析に関する研究は多数存在し，それらを広く紹介することは難しいため，ここでは適用するデータの集計レベルに応じて 2 つのモデルを取り上げた．1 つは，集計レベルのスイッチング行列に適用しブランド間の競争構造を分析する GS モデルである．そしてもう 1 つは，非集計の購買データに適用する LOGMAP-J である．これら 2 つのモデルを，それぞれ同じインスタント・カレーの購買データに適用し，分析事例を示した．その結果，いずれもブランド間の競争構造を比較的容易に捉えることが可能であり，その実用性も高いものであるということが確認された．

ここで改めて GS モデルと LOGMAP-J の分析結果を比較してみると,そこから読み取ることができるインスタント・カレーのブランド間競争構造は,相当程度に類似したものとなっている.それぞれの事例のデータの説明のところで述べたように,GS モデルを用いた分析と LOGMAP-J を用いた分析では,対象の消費者パネルや購買データの抽出に若干異なる基準を用いているとはいえ,同じ店舗の同じ期間のインスタント・カレーの購買データを利用している.それゆえ,完全に一致するものではないものの,データに含まれる情報には重なる部分も多いはずである.そのようなほぼ同一の情報に基づく GS モデルの結果と LOGMAP-J の結果が,非常に類似するブランド間の競争構造を示唆しているという事実は興味深いものである.ある製品市場に対して複数の異なるモデルを適用した結果が,きわめて類似する傾向を示すとすれば,当該市場におけるブランド間の競争構造についての確信はさらに高まるものとなるであろう.本来はみえないか,あるいはみえにくいものを何とかみようとするのであるから,異なるタイプの競争市場構造分析モデルで,1つの製品市場におけるブランド間の競争構造を分析することの意義は大きい.ブランド管理者がブランド間競争構造に対する理解を深め,自身のブランド戦略についての評価・診断の精度を高めるためにも,このような分析モデルがますます活用されることを期待したい.

■ 注

(1) 本章の分析事例で用いたスキャナー・パネル・データは(財)流通経済研究所から提供いただいたものである.ここに記して感謝の意を表したい.
(2) これらのセグメント・サイズの推定値と,7つのブランド・ロイヤル・セグメントの数値を加えると1になるように推定されている.
(3) 慶應義塾大学商学部の里村卓也教授が,LOGMAP-J を発展させたモデル(里村,2004)を推定するために,オープンソースの統計解析システム R で作成されたプログラムを,本分析事例のプログラムを作成する際の参考にさせていただいた.ここに記して感謝の意を表したい.なお,R の詳細については,http://www.r-project.org/を参照されたい.また,R の入門書としては Dalgaard (2002) が参考になる.

参 考 文 献

第1章

Aaker, D. A. (1991) *Managing Brand Equity*, The Free Press. (邦訳) 陶山計介・中田善啓・尾崎久仁博・小林　哲訳 (1994)『ブランド・エクイティ戦略：競争優位をつくりだす名前、シンボル、スローガン』ダイヤモンド社．

Aaker, D. A. (1995) *Building Strong Brands*, The Free Press. (邦訳) 陶山計介・梅本春夫・小林　哲・石垣智徳訳 (1997)『ブランド優位の戦略——顧客を創造するBIの開発と実践』ダイヤモンド社．

Ailawadi, K. L., D. R. Lehmann and S. A. Neslin (2003) Revenue premium as an outcome measure of brand equity. *Journal of Marketing*, Vol. 67, No. 4, pp.1-17.

青木幸弘・小川孔輔・亀井昭宏・田中　洋編著 (1997)『最新 ブランド・マネジメント体系——理論から広告戦略まで』日経広告研究所．

Copeland, M. T. (1923) Relation of consumer's buying habits to marketing method. *Harvard Business Review*, Vol. 1, No. 3, pp.282-289.

Guadagni, P. M. and J. D. C. Little (1983) A logit model of brand choice calibrated on scanner data. *Marketing Science*, Vol. 2, No. 3, pp.203-238.

広瀬義州・吉見　宏 (2003)『日本初ブランド価値評価モデル』税務経理協会．

伊藤邦雄 (2000)『コーポレートブランド経営』日本経済新聞社．

Jacoby J. and R. W. Chestnut (1978) *Brand Loyalty: Measurement and Management*, John Wiley & Sons.

Kamakura, W. A. and G. J. Russell (1993) Measuring brand value with scanner data. *International Journal of Research in Marketing*, Vol. 10, No. 1, pp.9-22.

刈屋武昭 (2005)『ブランド評価と価値創造：モデルの比較と経営戦略への適用』日本経済新聞社．

Keller, K. L. (2007) *Strategic Brand Management*, 3rd Edition, Prentice-Hall. (邦訳) 恩蔵直人監訳 (2010)『戦略的ブランド・マネジメント 第3版』東急エージェンシー．

Keller, K. L. and D. R. Lehmann (2006) Brands and branding: Research findings and future priorities. *Marketing Science*, Vol. 25, No. 6, pp.740-759.

レブ, B. 著, 広瀬義州・桜井久勝監訳 (2002)『ブランドの経営と会計：インタンジブル』東洋経済新報社．

松浦祥子 (1997)「ヤング・アンド・ルビカム社のブランド評価・診断システム」青木幸弘・小川孔輔・亀井昭宏・田中　洋編著『最新ブランド・マネジメント体系——理論から広告戦略まで』日経広告研究所．

松浦祥子 (2005)「ブランド資産価値評価とブランド・マネジメント」刈屋武昭編著『ブランド評価と価値創造』日本経済新聞社．

守口　剛 (1994)「項目反応理論を用いた市場反応分析：価格プロモーション効果とブランド選好度の測定」『マーケティング・サイエンス』Vol. 2, No. 1・2, pp.1-14.

オリバー, T. 編著, 福家成夫訳 (1993)『ブランド価値評価の実務——経営戦略としてのブランド管理と運用——』ダイヤモンド社．

Pessemier, E. A. (1959) A new way to determine buying decisions. *Journal of Marketing*, Vol. 24, No. 2, pp.41-46.

Srinivasan, V., C. S. Park and D. R. Chang (2005) An approach to the measurement, analysis, and prediction of brand equity and its sources. *Management Science*, Vol. 51, No. 9, pp.1433-1448.

田中敏行 (2000) 『ブランド資産入門』 多賀出版.

豊田秀樹 (2003) 「ブランド指標の信頼性と信頼区間」『オペレーションズ・リサーチ』Vol. 48, No. 10, pp.29-34.

山之口援 (2005) 「博報堂におけるブランド価値測定法: 価格プレミアム法について」刈屋武昭編著『ブランド評価と価値創造』日本経済新聞社.

第2章

Abraham, M. M. and L. M. Lodish (1987) PROMOTER: An automated promotion evaluation system. *Marketing Science*, Vol. 6, No. 2, pp.101-123.

Ailawadi, K. L., D. R. Lehmann and S. A. Neslin (2003) Revenue premium as an outcome measure of brand equity. *Journal of Marketing*, Vol. 67, No. 4, pp.1-17.

Andrew, R. L., I. S. Currim, P. S. H. Leeflang and J. Lim (2008) Estimating the SCAN*PRO model of store sales: HB, FM or just OLS? *International Journal of Research in Marketing*, Vol. 25, No. 1, pp.22-33.

Carpenter, G. S., L. G. Cooper, D. M. Hanssens and D. F. Midgley (1988) Modeling asymmetric competition. *Marketing Science*, Vol. 7, No. 4, pp.393-412.

Chintagunta, P. K. (1994) Heterogeneous logit model implications for brand positioning. *Journal of Marketing Research*, Vol. 31, No. 2, pp.304-311.

Chintagunta, P. K., D. C. Jain and N. J. Vilcassim (1991) Investigating heterogeneity in brand preferrences in logit modes for panel data. *Journal of Marketing Research*, Vol. 28, No. 4, pp.417-428.

Cooper, L. G. (1988) Competitive maps. The structure underlying asymmetric cross elasticities. *Management Science*, Vol. 34, No. 6, pp.707-723.

Cooper, L. G. and M. Nakanishi (1988) *Market-Share Analysis: Evaluating Competitive Marketing Effectiveness*, Kluwer Academic Publishers.

Elrod, T. (1988) Choice Map: Inferring a product-market map from panel data. *Marketing Science*, Vol. 7, No. 1, pp.21-40.

Elrod, T. and M. P. Keane (1995) A factor-analytic probit model for representing the market structure in panel data. *Journal of Marketing Research*, Vol. 32, No. 1, pp.1-16.

Fader, P. S. and B. G. S. Hardie (1996) Modeling consumer choice among SKUs. *Journal of Marketing Research*, Vol. 33, No. 4, pp.442-452.

Fader, P. S. and J. M. Lattin (1993) Accounting for heterogeneity and nonstationarity in a cross-sectional model of consumer purchase behavior. *Marketing Science*, Vol. 12, No. 3, pp.304-317.

Grover, R. and V. Srinivasan (1987) A simultaneous approach to market segmentation and market structuring. *Journal of Marketing Research*, Vol. 24, No. 2, pp.139-153.

Guadagni, P. M. and J. D. C. Little (1983) A logit model of brand choice calibrated on scanner data. *Marketing Science*, Vol. 2, No. 3, pp.203-238.

井上哲浩（2001）「競争市場構造分析」岡太彬訓・木島正明・守口　剛編『マーケティングの数理モデル』（経営科学のニューフロンティア6）朝倉書店．

Kamakura, W. A. and G. J. Russell (1989) A probabilistic choice model for market segmentation and elasticity structure. *Journal of Marketing Research*, Vol. 26, No. 4, pp.379-390.

Kamakura, W. A. and G. J. Russell (1993) Measuring brand value with scanner data. *International Journal of Research in Marketing*, Vol. 10, No. 1, pp.9-22.

片平秀貴（1991）『新しい消費者分析——LOGMAPの理論と応用』東京大学出版会．

Keller, K. L. (2007) *Strategic Brand Management*, 3rd Edition, Prentice-Hall.（邦訳）恩蔵直人監訳（2010）『戦略的ブランド・マネジメント　第3版』東急エージェンシー．

Keller, K. L. and D. R. Lehmann (2006) Brands and branding: Research findings and future priorities. *Marketing Science*, Vol. 25, No. 6, pp.740-759.

Montgomery, A. L. (1997) Creating micro-marketing pricing strategies using supermarket scanner data. *Marketing Science*, Vol. 16, No. 4, pp.315-337.

Montgomery, A. L. and P. E. Rossi (1999) Estimating price elasticities with theory-based priors. *Journal of Marketing Research*, Vol. 36, No. 4, pp.413-423.

中山雄司・石垣智徳・荒木長照（2006）「店舗内ブランド間競争を考慮したメーカーのためのブランド評価」『オペレーションズ・リサーチ』Vol. 51, No. 2, pp.73-80.

Novak, T. P. (1993) Log-linear trees: Models of market structure in brand switching data. *Journal of Marketing Research*, Vol. 30, No. 3, pp.267-287.

Russell, G. J. and W. A. Kamakura (1994) Understanding brand competition using micro and macro scanner data. *Journal of Marketing Research*, Vol. 31, No. 2, pp.289-303.

Sriram, S., S. Balachander and M. U. Kalwani (2007) Monitoring the dynamics of brand equity using store-level data. *Journal of Marketing*, Vol. 71, No. 2, pp.61-78.

Swait, J. and R. L. Andrews (2003) Enriching scanner panel models with choice experiments. *Marketing Science*, Vol. 22, No. 4, pp.442-460.

Van Heerde, H. J., P. S. H. Leeflang and D. R. Wittink (2002) How promotion work: SCAN*PRO-based evolutionary model building. *Schmalenbach Business Review*, Vol. 54, No. 3, pp.198-220.

Van Heerde, H. J. and S. A. Nesline (2008) Sales promotion models. B. Wierenga ed. *Handbook of Marketing Decision Models*, pp.107-162, Springer-Verlag.

Zenor, M. J. and R. K. Srivastava (1993) Inferring market structure with aggregate data: A latent segment logit approach. *Journal of Marketing Research*, Vol. 30, No. 3, pp.369-379.

第3章

アーカー, D. A.（1997）「製品や市場を超えたブランド・エクイティの測定」陶山計介・小林哲・梅本春夫・石垣智徳訳『ブランド優位の戦略』ダイヤモンド社．

Agarwal, M. K. and V. R. Rao (1996) An empirical comparison of consumer-based measures of brand equity. *Marketing Letters*, Vol. 7, No. 3, pp.237-247.

Allison, R. I. and K. P. Uhl (1964) Influence of beer brand identification on taste perception. *Journal of Marketing Research*, Vol. 2, No. 3, pp.36-39.

青木幸弘（1996）「ブランド・エクイティ研究の現状と課題」青木幸弘・陶山計介・田中善啓編著『戦略的ブランド管理の展開』中央経済社．

参 考 文 献

青木幸弘・小川孔輔・亀井昭宏・田中　洋編著（1997）『最新　ブランド・マネジメント体系―理論から広告戦略まで』日経広告研究所.
Bucklin, R. E. and V. Srinivasan (1991) Determining interbrand substitutability through survey measurement of consumer preference structures. *Journal of Marketing Research*, Vol. 28, No. 1, pp.58-71.
Dillon, W. R., T. J. Madden, A. Kirmani and S. Mukherjee (2001) Understanding what's in a brand rating: A model for assessing brand and attribute effects and their relationship to brand equity. *Journal of Marketing Research*, Vol. 38, No. 4, pp.415-429.
Erdem, T. and J. Swait (2010) Utility-based models of brand equity. B. Loken, R. Ahluwalia and M. J. Houston eds. *Brands and Brand Management*, Routledge.
Green, P. E. and V. Srinivasan (1978) Conjoint analysis in consumer research: Issues and outlook, *Journal of Consumer Research*, Vol. 5, No. 2, pp.103-123.
Green, P. E. and Y. Wind (1975) New way to measure consumers' judgments, *Harvard Business Review*, Vol. 53, No. 4, pp.107-117.
井上哲浩（2001）「競争市場構造分析」岡太彬訓・木島正明・守口　剛編『マーケティングの数理モデル』（経営科学のニューフロンティア6）朝倉書店.
石垣智徳（1996）「ブランド・エクイティの測定問題」青木幸弘・陶山計介・田中善啓編著『戦略的ブランド管理の展開』中央経済社.
刈屋武昭編著（2005）『ブランド評価と価値創造―モデルの比較と経営戦略への適用―』日経広告研究所.
Keller, K. L. (1993) Conceptualizing, measuring, and managing customer-based brand equity. *Journal of Marketing*, Vol. 57, No. 1, pp.1-22.
ケラー, K. L. 著，恩蔵直人監訳（2010）『戦略的ブランド・マネジメント　第3版』東急エージェンシー.
Mackay, M. M. (2001) Evaluation of brand equity measures: Further empirical results. *Journal of Product and Brand Management*, Vol. 10, No. 1, pp.38-51.
森　雅夫・鈴木久敏・森戸　晋・山本芳嗣著（1991）『オペレーションズリサーチⅠ』（経営工学ライブラリー3）朝倉書店.
オリバー, T. 編著，福家成夫訳（1993）『ブランド価値評価の実務―経営戦略としてのブランド管理と運用―』ダイヤモンド社.
Park, C. S. and V. Srinivasan (1994) A survey-based method for measuring and understanding brand equity and its extendibility. *Journal of Marketing Research*, Vol. 31, No. 2, pp.271-288.
Rangaswamy, A., R. R. Burke and T. A. Oliver (1993) Brand equity and the extendibility of brand names. *International Journal of Research in Marketing*, Vol. 10, No. 1, pp.61-75.
Simon, C. J. and M. W. Sullivan (1993) The measurement and determinants of brand equity. *Marketing Science*, Vol. 12, No. 1, pp.28-52.
Srinivasan, V. (1979) Network models for estimating brand-specific effects in multi-attribute marketing models. *Management Science*, Vol. 25, No. 1, pp.11-21.
Srinivasan, V., C. S. Park and D. R. Chang (2005) An approach to the measurement, analysis, and prediction of brand equity and its sources. *Management Science*, Vol. 51, No. 9, pp.1433-1448.
Swait, J., T. Eardem, J. Louviere and C. Dubelar (1993) The equalization price: A measure

of consumer perceived brand equity. *International Journal of Research in Marketing*, Vol. 10, No. 1, pp.23-45.

Yoo, B. and N. Donthu (2001) Developing and validation a multidimensional consumer-based brand equity scale. *Journal of Business Research*, Vol. 52, No. 1, pp.1-14.

Yoo, B., N. Donthu and S. Lee (2000) An examination of selected marketing mix elements and brand equity. *Journal of the Academy of Marketing Science*, Vol. 28, No. 2, pp.195-211.

第4章

Aaker, D. A. (1991) *Managing Brand Equity*, The Free Press. (邦訳) 陶山計介・中田善啓・尾崎久仁博・小林 哲訳 (1994)『ブランド・エクイティ戦略：競争優位をつくりだす名前、シンボル、スローガン』ダイヤモンド社.

Ailawadi, K. L., D. R. Lehmann and S. A. Neslin (2003) Revenue premium as an outcome measure of brand equity. *Journal of Marketing*, Vol. 67, No. 4, pp.1-17.

Beckwith, N. E. and D. R. Lehmann (1975) The importance of halo effects in multi-attribute attitude models. *Journal of Marketing Research*, Vol. 12, No. 3, pp.265-275.

Beckwith, N. E. and D. R. Lehmann (1976) Halo effects in multi-attribute attitude models: An appraisal of some unresolved issues. *Journal of Marketing Research*, Vol. 13, No. 4, pp.418-421.

Chernatony, L. D. and S. Knox (1990) How an appreciation of consumer behaviour can help in product testing. *Journal of Market Research Society*, Vol. 32, No. 3, p.333.

Kamakura, W. A. and G. J. Russell (1993) Measuring brand value with scanner data. *International Journal of Research in Marketing*, Vol. 10, No. 1, pp.9-22.

Keller, K. L. (2007) *Strategic Brand Management*, 3rd Edition, Prentice-Hall. (邦訳) 恩蔵直人監訳 (2010)『戦略的ブランド・マネジメント 第3版』東急エージェンシー.

Keller, K. L. and D. R. Lehmann (2006) Brands and branding: Research findings and future priorities. *Marketing Science*, Vol. 25, No. 6, pp.740-759.

中西正雄 (1984)「消費者行動の他属性分析」中西正雄編著『消費者行動分析のニューフロンティア』誠文堂新光社, pp.2-26.

McCrure, S. M., J. Li, D. Tomlin, K. S. Cypert, L. M. Montague and P. R. Montague (2004) Neural correlates of behavioral preference for culturally familiar drinks. *Neuron*, Vol. 44, pp.379-387.

三橋秀一 (2012)「WTPを用いたブランド価値評価モデルの提唱」『早稲田大学大学院商学研究科専門職学位論文』.

Yovovich, B. G. (1988) What is your brand really worth? *Adweek's Marketing Week*, August 8, pp.18-24.

第5章

Aaker, D. A. (1991) *Managing Brand Equity*, The Free Press.

Aaker, J. L. (1997) Dimensions of brand personality. *Journal of Marketing Research*, Vol. 34, No. 3, pp.347-356.

青木幸弘 (1996)「ブランド・エクイティ研究の現状と課題」青木幸弘・陶山計介・田中善啓編著『戦略的ブランド管理の展開』中央経済社.

Allenby, G. M., N. Arora and J. L. Ginter (1995) Incorporating prior knowledge into the

analysis of conjoint studies. *Journal of Marketing Research*, Vol. 32, pp.152-162.
朝野煕彦（2004）「コンジョイント分析の定義と適用をめぐる論争点」『経営と制度』Vol. 1, pp.1-24.
Day, G. S.（1972）Evaluating models of attitude structure. *Journal of Marketing Research*, Vol. 9, No. 3, pp.279-286.
Fishbein, M（1967）Attitude and the prediction of behaviour. M. Fishbein ed. *Readings in Attitude Theory and Measurement*. pp.389-400, John Wiley & Sons.
Green, P. E., A. B. Krieger and Y. Wind（2001）Thirty years of conjoint analysis: Reflections and prospects. *Interfaces*, Vol. 31, pp.56-73.
Guadagni, P. M. and J. D. C. Little（1983）A logit model of brand choice calibrated on scanner data. *Marketing Science*, Vol. 2, No. 3, pp.203-238.
萩生田伸子・繁桝算男（1996）「順序付きカテゴリカルデータへの因子分析の適用に関するいくつかの注意点」『心理学研究』Vol. 67, No. 1, p. 18.
Johnson, R.（1974）Trade-off analysis of consumer values. *Journal of Marketing Research*, Vol. 11, May, pp.121-127.
Kamakura, W. A. and G. J. Russell（1993）Measuring brand value with scanner data. *International Journal of Research in Marketing*, Vol. 10, pp.9-22.
Keller, K. L. and D. Lehmann（2006）Brands and branding: Research findings and future priorities, *Marketing Science*, Vol. 25, No. 6, pp.740-759.
Kotler, P. and K. L. Keller（2011）*Marketing Management*, 14th Edition, Prentice-Hall.
Kruskal, J. B.（1965）Analysis of factorial experiments by estimating monotone transformations of the data. *Journal of the Royal Statistical Society, Series B*, Vol. 27, pp.251-263.
Lee, M., J. Lee and W. A. Kamakura（1996）Consumer evaluations of line extensions: A conjoint approach. *Advances in Consumer Research*, Vol. 23, pp.289-295.
Lenk, P. J., W. S. DeSarbo, P. E. Green and M. R. Young（1996）Hierarchical Bayes conjoint analysis: Recovery of partworth heterogeneity from reduced experimental designs, *Marketing Science*, Vol. 15, No. 2, pp.173-191.
Luce, R. D. and J. W. Tukey（1964）Simultaneous conjoint measurement: A new type of fundamental measurement. *Journal of Mathematical Psychology*, Vol. 1, pp.1-27.
守口　剛（1996）「スキャナー・データによるブランド・エクイティの測定」青木幸弘・陶山計介・中田善啓編『戦略的ブランド管理の展開』中央経済社．
小川孔輔（2009）『マーケティング入門』日本経済新聞出版社．
Park, C. S. and V. Srinivasan（1994）A survey-based method for measuring and understanding brand equity and its extendability. *Journal of Marketing Research*, Vol. 31, May, pp.271-288.
Simon, C. J. and M. J. Sullivan（1993）The measurement and determinants of brand equity: A financial approach. *Marketing Science*, Vol. 12, No. 1, pp.28-52.
Srinivasan, V. and A. D. Shocker（1973）Estimating the weights for multiple attributes in a composite criterion using pairwise judgments. *Psychometrika*, Vol. 38, No. 4（December）, pp.473-493.
Sriram, S., S. Balachander and M. U. Kalwani（2007）Monitoring the dynamics of brand equity using store-level data. *Journal of Marketing*, Vol. 71, pp.61-78.

第6章

Bhattacharya, E. (1997) Is your brand's loyalty too much, too little, or just right?: Explaining deviations in loyalty from the Dirichlet norm. *International Journal of Research in Marketing*, Vol. 14, pp.421-435.

Ehrenberg, A. S. C. (1988) *Repeat Buying: Facts, Theory and Applications*, 2nd Edition, Oxford University Press.

Ehrenberg, A. S. C. (1975) *Data Reduction: Analyzing and Interpreting Statistical Data*, John Wiley & Sons.

Ehrenberg, A. S. C., G. J. Goodhardt and T. P. Barwise (1990) Double jeopardy revisited. *Journal of Marketing*, Vol. 54, pp.82-91.

Ehrenberg, A. S. C., M. D. Uncles and G. J. Goodhardt (2004) Understanding brand performance measures: Using Dirichlet benchmarks. *Journal of Business Research*, Vol. 57, pp. 1307-1325.

Fader, P. S. and D. C. Schmittlein (1993) Excess behavioral loyalty for high-share brands: Deviations from the Dirichlet model for repeat purchasing. *Journal of Marketing Research*, Vol. 30, pp.478-493.

Goodhardt, G. J., A. S. C. Ehrenberg and C. Chatfield (1984) The Dirichlet: A comprehensive model of buying behavior. *Journal of the Royal Statistical Society, Series A (General)*, Vol. 147, pp.621-655.

Kahn, B. E., M. U. Kalwani and D. G. Morrison (1988) Niching versus change-of-pace brands: Using purchase frequencies and penetration rates to infer brand positionings. *Journal of Marketing Research*, Vol. 25, pp.384-390.

McGahan, A. M. and M. E. Porter (1997) How much does industry matter, really? *Strategic Management Journal*, Vol. 18, Summer Special Issue, pp.15-30.

中西正雄 (1984)「ブランド購買行動と負の多項分布」『マーケティング・サイエンス』No. 24, pp.1-11.

Oliver, R. (1997) *Satisfaction: A Behavioral Perspective on the Consumer*. Irwin/McGraw-Hill.

Raj, S. P. (1985) Striking a balance between brand 'popularity' and brand loyalty. *Journal of Marketing*, Vol. 25 (winter), pp.53-59.

里村卓也 (2003)「カテゴリー視点からのブランドの評価」『オペレーションズ・リサーチ』Vol. 48, No. 10, pp.735-740.

里村卓也 (2006)「消費者の異質性を考慮したブランド評価モデル」『三田商学研究』Vol. 49, No. 4, pp.179-189.

里村卓也 (2007)「負の多項分布モデルによるブランド購買行動の理解」『三田商学研究』Vol. 50, No. 2, pp.35-48.

Schmalensee, R (1985) Do markets differ much? *The American Economic Review*, Vol. 75, No. 3, pp.341-351.

第7章

Aaker, D. A. (1991) *Managing Brand Equity*, The Free Press (邦訳) 陶山計介・中田善啓・尾崎久仁博・小林 哲訳『ブランド・エクイティ戦略：競争優位をつくりだす名前、シンボル、スローガン』ダイヤモンド社、1994.

阿部　誠・近藤文代（2005）『マーケティングの科学：POS データの解析』（シリーズ〈予測と発見の科学〉3）朝倉書店．
Bell, D. R. and J. M. Lattin（2000）Looking for loss aversion in scanner panel data: The confounding effect of price response heterogeneity. *Marketing Science*, Vol. 19, pp.185–200.
DeSarbo, W. S., M. Wedel, M. Vriens and V. Ramaswamy（1992）Latent class metric conjoint analysis. *Marketing Letters*, Vol. 3, pp.273–288.
Guadgni, P. M. and J. D. C. Little（1983）A logit model of brand choice calibrated on scanner data. *Marketing Science*, Vol. 2, pp.203–238.
Kamakura, W. A. and G. L. Russell（1989）A probabilistic choice model for market segmentation and elasticity structure. *Journal of Marketing Research*, Vol. 26, pp.379–390.
Mazumdar, T. and P. Papatla（2000）An investigation of reference price segments. *Journal of Marketing Research*, Vol. 37, pp.246–258.
McFadden, D.（1973）Conditional logit analysis of qualitative choice behavior. P. Zarembka ed. *Frontiers in Econometrics*, Academic Press.
守口　剛（2003）「潜在クラス・ロジット・モデルを利用したロイヤルティ・セグメンテーション」『オペレーションズ・リサーチ』Vol. 48, No. 10, pp.35-40.
渡辺美智子（2001）「因果関係と構造を把握するための統計手法―潜在クラス分析法―」岡太彬訓・木島正明・守口　剛編『マーケティングの数理モデル』（経営科学のニューフロンティア 6）朝倉書店．
渡辺美智子・山口和範（2000）『EM アルゴリズムと不完全データの諸問題』多賀出版．

第 8 章

赤池弘次（1995）「時系列解析の心構え」赤池弘次・北川源四郎編『時系列解析の実際 II』（統計科学選書 4）朝倉書店．
樋口知之（2011）『予測に活かす統計モデリングの基本』講談社．
樋口知之（2012）「ビッグデータと個人化技術」『統計』9 月号，pp.2-9.
樋口知之監修・著，石井　信，照井伸彦，井元清哉，北川源四郎著（2007）『統計数理は隠された未来をあらわにする』東京電機大学出版局．
北川源四郎（2005）『時系列解析入門』岩波書店．
Rossi P. E., G. M. Allenby and R. McCulloch（2006）*Bayesian Statistics and Marketing*, John Wiley & Sons.
佐藤忠彦・樋口知之（2007）「POS データの時系列モデリングによる知識発見―新製品投入の消費者価格反応変化に及ぼす影響解析―」『人工知能学会論文誌』Vol. 22, No. 2, pp.200-208.
佐藤忠彦・樋口知之（2013）『ビッグデータ時代のマーケティング』講談社．
照井伸彦（2008）『ベイズモデルによるマーケティング分析』東京電機大学出版局．

第 9 章

Cooper, L. G., D. Klapper and A. Inoue（1996）Competitive-component analysis: A new approach to calibrating asymmetric market-share models. *Journal of Marketing Research*, Vol. 33, No. 2, pp.224-238.
Cooper, L. G. and M. Nakanishi（1988）*Market Share Analysis*: *Evaluating Competitive Marketing Effectiveness*, Kluwer Academic Publishers.
Dalgaard, P.（2002）*Introductory Statistics with R*, Springer-Verlag.

Day, G., A. D. Shocker and R. K. Srivastava (1979) Customer-oriented approaches to identifying product markets. *Journal of Marketing*, Vol. 43, No. 4, pp.8-19.

Dempster, A. P., N. M. Laird and R. B. Rubin (1977) Maximum likelihood from incomplete data via EM-algorithm. *Journal of the Royal Statistical Society, Series B*, Vol. 39, pp.1-38.

Deshpand, R. and H. Gatignon (1994) Competitive analysis. *Marketing Letters*, Vol. 5, No. 3, pp.271-287.

Elrod, T., G. J. Russell, A. D. Shocker, R. L. Andrews, L. Bacon, B. L. Bayus, J. D. Carroll, R. M. Johnson, W. A. Kamakura, P. Lenk, J. A. Mazanec, V. R. Rao and V. Shankar (2002) Inferring market structure from customer response to competing and complementary products. *Marketing Letters*, Vol. 13, No. 3, pp.221-232.

Elrod, T. and M. P. Keane (1995) A factor-analytic probit model for representing the market structure in panel data. *Journal of Marketing Research*, Vol. 32, No. 1, pp.1-16.

Goodman, L. A. (1974) Exploratory latent structure analysis using both identifiable and unidentifiable models. *Biometrika*, Vol. 61, No. 2, pp.215-231.

Grover, R. and V. Srinivasan (1987) A simultaneous approach to market segmentation and market structuring. *Journal of Marketing Research*, Vol. 24, No. 2, pp.139-153.

井上哲浩 (1992)「異質性を組み入れた競合グループ識別モデルの一システム：MIGHT」『マーケティング・サイエンス』Vol. 35, pp.9-17.

井上哲浩 (2001)「競争市場構造分析」岡太彬訓・木島正明・守口　剛編『マーケティングの数理モデル』(経営科学のニューフロンティア6) 朝倉書店.

井上哲浩 (2003)「競争市場構造分析モデルの現状」『オペレーションズ・リサーチ 経営の科学』Vol. 48, No. 5, pp.373-379.

Kamakura, W. A. and G. J. Russell (1989) A probabilistic choice model for market segmentation and elasticity structure. *Journal of Marketing Research*, Vol. 26, No. 4, pp.379-390.

片平秀貴 (1991)『新しい消費者分析 LOGMAPの理論と応用』東京大学出版会.

Novak, T. P. (1993) Log-linear trees: Models of market structure in brand switching data. *Journal of Marketing Research*, Vol. 30, No. 3, pp.267-287.

里村卓也 (2004)「マッピングを利用した市場反応の動的分析」『マーケティング・サイエンス』Vol. 12, No. 1・2, pp.15-30.

渡辺美智子 (2001)「因果関係と構造を把握するための統計手法―潜在クラス分析法―」岡太彬訓・木島正明・守口　剛編『マーケティングの数理モデル』(経営科学のニューフロンティア6) 朝倉書店.

索引

4P 71
BrandAsset Valuator 10
Choice Map 29
DJ（double jeopardy） 94, 100
EMアルゴリズム 112, 149
fMRI 57
FSPデータ 79
LOGMAP-J 153
MCMC法 128
MONANOVA 73
NMD（negative multinomial distribution）モデル 97
POSデータ 79
PSM（preference structure measurement） 48
PSMアプローチ 48
SCAN*PROモデル 14, 20
SCR（share of category requirement） 100
WTP（willingness to pay） 4, 54

ア 行

インカム・アプローチ 6

カ 行

価格弾力性 131
価格プレミアム 4, 54, 81
貨幣価値 79
カルマン・フィルタ 134
間接的アプローチ 34
機能的磁気共鳴画像 57
気分転換ブランド 93, 96
寄与率 70, 94, 103
経験ベイズ法 128
けちの原理 126
交差価格弾力性 51, 131
購買者中シェア（→SCRも参照） 100, 101, 104
購買頻度 91
固定区間平滑化 134
コンジョイント分析 69

サ 行

最小二乗法 77
最尤法 128
事後分布 127
市場反応モデル 130
システム・ノイズ 134
自然共役事前分布族 129
事前分布 127
収益プレミアム 13, 18
周辺化 136
ジョイント・スペース分析 154
状態空間モデル 131
状態ベクトル 134
消費者異質性 124
商品コンセプト 75
新NP問題 125
浸透率 91
水準 70
スイッチング行列 149
スイッチング・セグメント 149
スキャナー・パネル・データ 79, 110
選好順序 73
選好プレミアム 5, 56
潜在クラスモデル 27
全体効用値 70
属性 70

タ 行

多項ロジット・モデル 113
多重共線性 75
多属性態度モデル 35, 72
単一ブランド購買者比率 100, 102, 104
超パラメータ 126
直接的アプローチ 34
直交配列表 76
ディリクレ・モデル 96
動的異質性 124
トレンド 131

ナ 行

ニッチ・ブランド 93, 96

ハ 行

パス解析モデル 64
パネル・データ 90, 92

販売量プレミアム 13, 56

非補償型モデル 72

フィルタリング 134
負の多項分布モデル 97
負の2項分布・ディリクレ・モデル 96
部分効用値 70
ブラインド・テスト 57
ブランデッド・テスト 57
ブランド 71
ブランド売上の要因分解 92
ブランド・エクイティ 78
ブランド購入頻度 92
ブランド購買の二重苦 94
ブランド・ジャパン 10
ブランド浸透率 92
ブランドスイッチ行列 2
ブランド・パーソナリティ 3,

80
ブランド力 90, 92
ブランド・リレーションシップ 3
ブランド連想 3
ブランド・ロイヤル・セグメント 149
ブランド・ロイヤルティ 99, 104
フリクェンシー・プログラム 110
フル・ベイズ法 128

平滑化 134
平滑化事前分布 130
ベイジアン・モデリング 126
ベイズ・モデル 124
ベースライン 8
ベースライン売上 20
ベルヌーイ分布 95, 97

便益の束 69

ポアソン分布 97
補償型モデル 72

マ 行

マイクロ・マーケティング 124
マルコフ過程 2
マルコフ連鎖モンテカルロ法 128

モンテカルロ積分 128

ヤ 行

予測 134

ラ 行

ロイヤルティ 91

編著者略歴

守口　剛（もりぐち　たけし）
- 1957年　新潟県に生まれる
- 1996年　東京工業大学大学院理工学研究科博士課程修了
- 現　在　早稲田大学商学学術院教授
　　　　　博士（工学）

佐藤栄作（さとう　えいさく）
- 1965年　福島県に生まれる
- 2004年　東京大学大学院総合文化研究科博士課程修了
- 現　在　千葉大学大学院人文社会科学研究科教授
　　　　　博士（学術）

著者略歴

佐藤忠彦（さとう　ただひこ）
- 1970年　福島県に生まれる
- 2004年　総合研究大学院大学数物科学研究科修了
- 現　在　筑波大学ビジネスサイエンス系教授
　　　　　博士（学術）

里村卓也（さとむら　たくや）
- 1967年　徳島県に生まれる
- 2000年　東京工業大学大学院社会理工学研究科博士課程中退
- 現　在　慶應義塾大学商学部教授
　　　　　博士（経済学）

鶴見裕之（つるみ　ひろゆき）
- 1978年　東京都に生まれる
- 2007年　立教大学大学院社会学研究科博士後期課程修了
- 現　在　横浜国立大学大学院国際社会科学研究院准教授
　　　　　博士（社会学）

樋口知之（ひぐち　ともゆき）
- 1961年　宮崎県に生まれる
- 1989年　東京大学大学院理学系研究科博士課程修了
- 現　在　情報・システム研究機構理事
　　　　　統計数理研究所所長
　　　　　理学博士

シリーズ〈マーケティング・エンジニアリング〉5
ブランド評価手法
―マーケティング視点によるアプローチ―　　定価はカバーに表示

2014年11月25日　初版第1刷

編著者	守　口　　　剛
	佐　藤　栄　作
発行者	朝　倉　邦　造
発行所	株式会社　朝　倉　書　店

東京都新宿区新小川町6-29
郵便番号　162-8707
電話　03(3260)0141
FAX　03(3260)0180
http://www.asakura.co.jp

〈検印省略〉

© 2014〈無断複写・転載を禁ず〉　　新日本印刷・渡辺製本

ISBN 978-4-254-29505-4　C 3350　　Printed in Japan

JCOPY ＜(社)出版者著作権管理機構　委託出版物＞

本書の無断複写は著作権法上での例外を除き禁じられています。複写される場合は、そのつど事前に、(社)出版者著作権管理機構（電話 03-3513-6969、FAX 03-3513-6979、e-mail: info@jcopy.or.jp）の許諾を得てください。

前首都大 朝野熙彦著
シリーズ〈マーケティング・エンジニアリング〉1
マーケティング・リサーチ工学
29501-6 C3350　　　A 5 判 192頁 本体3500円

目的に適ったデータを得るために実験計画的に調査を行う手法を解説。〔内容〕リサーチ／調査の企画と準備／データ解析／集計処理／統計的推測／相関係数と中央値／ポジショニング分析／コンジョイント分析／マーケティング・ディシジョン

法大 小川孔輔監修　法大 木戸 茂著
シリーズ〈マーケティング・エンジニアリング〉3
消費者行動のモデル
29503-0 C3350　　　A 5 判 200頁 本体3200円

マーケティング工学的アプローチによる消費者行動の予測に関するシミュレーションモデルの実践的テキスト〔内容〕広告コミュニケーションモデル／広告媒体接触行動モデル／製品・サービスの普及予測モデル／ネットワーク型消費者行動モデル

前首都大 朝野熙彦・法大 山中正彦著
シリーズ〈マーケティング・エンジニアリング〉4
新　製　品　開　発
29504-7 C3350　　　A 5 判 216頁 本体3500円

企業・事業の戦略と新製品開発との関連を工学的立場から詳述。〔内容〕序章／開発プロセスとME手法／領域の設定／アイデア創出支援手法／計量的評価／コンジョイント・スタディによる製品設計／評価技法／マーケティング計画の作成／他

早大 守口 剛著
シリーズ〈マーケティング・エンジニアリング〉6
プロモーション効果分析
29506-1 C3350　　　A 5 判 168頁 本体3200円

消費者の購買ならびに販売店の効率を刺激するマーケティング活動の基本的考え方から実際を詳述〔内容〕基本理解／測定の枠組み／データ／手法／利益視点とカテゴリー視点／データマイニング手法を利用した顧客別アプローチ方法の発見／課題

法大 木戸 茂著
シリーズ〈マーケティング・エンジニアリング〉7
広告マネジメント
29507-8 C3350　　　A 5 判 192頁 本体3500円

効果の測定と効果モデルの構築を具体的な事例を用いながら概括。〔内容〕広告管理指標／広告媒体接触調査／立案システム／最適化問題／到達率推定モデル／ブランド価値形成／短期的効果／長期的成果／ブランド連想と広告評価の因果関係／他

東大 阿部 誠・筑波大 近藤文代著
シリーズ〈予測と発見の科学〉3
マーケティングの科学
―POSデータの解析―
12783-6 C3341　　　A 5 判 216頁 本体3700円

膨大な量のPOSデータから何が得られるのか？マーケティングのための様々な統計手法を解説。〔内容〕POSデータと市場予測／POSデータの分析（クロスセクショナル／時系列）／スキャンパネルデータの分析（購買モデル／ブランド選択）／他

東北大 照井伸彦・阪大 ウィラワン・ドニ・ダハナ・日大 伴 正隆著
シリーズ〈統計科学のプラクティス〉3
マーケティングの統計分析
12813-0 C3341　　　A 5 判 200頁 本体3200円

実際に使われる統計モデルを包括的に紹介、かつRによる分析例を掲げた教科書。〔内容〕マネジメントと意思決定モデル／市場機会と市場の分析／競争ポジショニング戦略／基本マーケティング戦略／消費者行動モデル／製品の採用と普及／他

多摩大 岡太彬訓・首都大 木島正明・早大 守口 剛編
経営科学のニューフロンティア6
マーケティングの数理モデル
27516-2 C3350　　　A 5 判 280頁 本体5200円

データに基づいた科学的・合理的手法を一挙公開〔内容〕確率分布と性質／次元の縮約とクラスター化／因果関係と構造を把握する統計手法／市場反応分析／最適化問題と非協力ゲーム競争市場構造分析／最適化モデル／競争的マーケティング戦略

多摩大 岡太彬訓・早大 守口 剛著
シリーズ〈行動計量の科学〉2
マーケティングのデータ分析
12822-2 C3341　　　A 5 判 168頁 本体2600円

マーケティングデータの分析において重要な10の分析目的を掲げ、方法論と数理、応用例をまとめる。統計の知識をマーケティングに活用するための最初の一冊〔内容〕ポジショニング分析（因子分析）／選択行動（多項ロジットモデル）／他

東京成徳大 海保博之監修　上智大 杉本徹雄編
朝倉実践心理学講座2
マーケティングと広告の心理学
52682-0 C3311　　　A 5 判 224頁 本体3600円

消費者の心理・行動への知見を理論と実務両方から提示。〔内容〕マーケティング（ブランド／新製品開発／価格等）、広告と広報（効果測定／企業対応等）、消費者分析（ネットクチコミ／ニューロマーケティング等）

上記価格（税別）は 2014 年 10 月現在